京阪神発　半日徒歩旅行

朝寝した休日でもたっぷり楽しめる京阪神発〈超〉小さな旅

佐藤徹也

ヤマケイ新書

まえがき

徒歩旅行。つまりは自分自身の足で歩いて旅をすることだ。さまざまな交通手段が発達している現代に、なんであえてそんな方法を選ぶのかと思うかもしれないけれど、徒歩というのは実はとても便利。自動車が入れない山道はもちろん、田んぼの畦道や街中の路地裏にも入りこめるし、必要とあらば公共交通機関にもすぐにスイッチできる。途中で停めてきた自動車や自転車を気にしたり、回収しに戻ったりする必要もない。とにかくフットワークがいいのだ。

弱点があるとすればスピードを出せないということ、そしてそれはイコール距離を稼げないこと。でもスピードや距離が目的なのは「移動」であって、旅の本質ではない気がする。移動は電車やバスに任せてしまい、辿りついた場所でのんびり歩く行程を楽しんでみよう。

ときにはたくさん歩くこともあるけれど、決してそれが必須ではない。1時間でも十分。長短にこだわらず、とにかく興味を持った見知らぬ場所を目指すのだ。そしてこの「見知らぬ」というのが、実は旅の醍醐味だったりする。人間には好奇心というものがあって、これを刺激するのが見知らぬもの。毎日の通勤路をなかなか楽しいと思えないのは、そこにはすでに未知が少ないからかもしれない。

いつでも気軽かつ身軽に出かけられるように、使う時間も半日ほど。ときには実際に歩く時間よりも、現地までの往復時間のほうが長くなることもあるけれど、それだって全然気にしない。車窓からの見慣れぬ風景は楽しいし、そこに新たな徒歩旅行の舞台を発見するかもしれない。

そんなことを考えながら、これまで関東地方をあちこち歩いて旅してきた。そしてそれらは『東京発　半日徒歩旅行』『東京発　半日徒歩旅行　調子に乗ってもう一周！』という2冊の本にまとめさせていただいた。

今回は関西を歩く。関西といえば歴史はもちろんのこと、自然や島、大きな湖に里山と、好奇心を刺激してくれるものが満載だ。土地勘がないのも、これまた未知との出会いを誘ってくれそうだ。期待は高まるばかり。

こうして関西を巡る徒歩旅行が始まった。

鳴門の渦潮と海峡の渡し船→P18

目次

竹田城跡→P38

嵯峨野観光鉄道と嵯峨鳥居本の街並み→P70

第2章 乗り物とともに徒歩旅行

ケーブルカーとロープウェイで比叡山横断→P82

大阪湾の人工群島→P108

第3章 島を目指す徒歩旅行

第4章 里山を漫遊徒歩旅行

淡路島と明石海峡→P132

第5章 時代を巡る徒歩旅行

第6章 旧道旧線を徒歩旅行

大仏鉄道跡と奈良の大仏↓P266

第7章
街を探検徒歩旅行

港町・神戸を山手から海へ↓P292

アートディレクション・
デザイン・イラスト
吉池康二（アトズ）

写真・編集
佐藤徹也
稲葉 豊（山と溪谷社）

第1章

奇景絶景を徒歩旅行

古代人が残した謎の遺跡、自然が生み出す天然の美、人の営みが作り上げた驚きの光景。そんな場所を目指して歩いてみよう。

石舞台古墳のなかに潜って天井を見上げてみると、そこには自然状態とも人工的ともとれる不思議な文様があって、それがさらにこの古墳の神秘性を増しているようだった

明日香村の巨石遺跡

あまたの遺跡群を巡りながら、謎の古代史を想像する

あすかむらのきょせきいせき

奈良県

歴史遺産が多く残る奈良県のなかでも、明日香村はちょっと特別だ。ここには日本でもほかに例を見ない巨石文化が眠り、そこにはいまだに解明されていない謎も秘められている。「巨石文化と謎」となれば、これはもう男子中学生の大好物。石舞台古墳に亀石、酒船石……。今にして思い返せばけっこうマユツバな本も夢中になって読んだ。おそらくはイースター島の巨石像やイギリスのストーンヘンジとも重ね合わせていたのだろう。当時のそんな思いを胸にいざ明日香村へ！

起点は飛鳥駅。駅から10分ほど歩いてまず向かうのは、「猿石」と呼ばれる4体の像だ。これらは現在、吉備姫王墓という古墳に安置されているが、実際には江戸時代に近くの田んぼから掘り出されたそうで、それぞれに「男」「女」「山王権現」「僧」と命名されている。

「猿石」は四体の石像からなるが、四体のうちに猿石と呼ばれているものはない。左の像はちょっと見には猿に見えるが「女」と命名。右の「山王権現」の股間にはいかにもそれっぽい造作が

そのうちの山王権現は満面の笑みを浮かべているうえ、股間にあるのはどう見てもオチンチン。7世紀の作らしいが、当時の大らかな気風が感じられる。

ここからは東へ向かう。田園風景のなかに歩行者向けの道が整備されていて快適だ。次に現れたのは「鬼の雪隠」「鬼の俎《まないた》」と呼ばれる巨石。巨石。命名の由来は、昔このあたりに住んでいた鬼が人を捕らえて俎で料理、食べたあとは雪隠に排泄したという、あまりにもダイレクトな発想だが、今日では石棺とその蓋という考えが主流だ。

鬼の雪隠の先で登場するのが「亀石」。伏し目がちながら長さ3・6m、幅2・

道端に無造作に置かれている「亀石」。自然石の形状を巧みに利用しているようだが、造りかけのまま放置されたのではという説や、実は上下逆さまに置かれているのでという説もある

1mという大きさを持つこの石像も一見ユーモラスだが、現在南西を向いている姿が西を向いたとき、奈良盆地は泥に沈むという不気味な伝説が伝わっている。

ここからは橘寺の二面石や飛鳥坐神社の陰陽石など、続々と明日香の曲者キャラが登場してくるが、やはり気になるのはその先で待つ酒船石。巨岩の上に面と線の不思議な彫り込みが施されたこの遺跡は、酒造りや薬を混ぜるための装置ではないかといわれており、いかにも超古代文明っぽいその形状には、子どもも心にも大いに魅了された。しかし2000(平成12)年、この近くから亀形石造物という新たな遺跡が発見されたことから、今

明日香村の奇石群のなかでもひときわ謎に満ちた「酒船石」。竹林に覆われた小高い丘に、とくに柵で囲うわけでもなく置かれている。近年、この丘の下で亀型石造物と呼ばれる新たな奇石が発見された

日では水を流す庭園施設のひとつだったのではと考えられている。

ちなみに現物を見て僕が想像したのは、これはプラモデルの金型的なものではないかという説。さすがに当時プラスチックは存在しないけれど、溶かした青銅やら鉄をここに流し込んでパーツを大量生産していたのだ。線状の部分を通じて一気に溶けた金属を流しこんだに違いない。とまあこのように、素人でも思いつきの説を立てられるところが古代史のおもしろさでもある。

さあ、ここまで歩いてきたら待っているのは、明日香村巨石文化のボスキャラ的存在である石舞台古墳だ。蘇我馬子の

石舞台古墳の全長は20m弱、高さは5m近い。30個ほどの巨石を積み上げて構成されている。石室の大きさだけなら日本最大級とも。屋根にあたる部分が平坦なことが、石舞台の名前の由来

墓と考えられているこの古墳は、その姿からもインパクト抜群だが、もともとはこの古墳も土が盛られていたらしい。ではなぜ現在こんなことにというのには諸説あり、ひとつは生前の蘇我馬子の専制に対する復讐として墓を辱めたという説。たしかに蘇我氏の横暴ぶりは日本史でも習ったが、復讐にしては無駄に労力を費やしすぎではないか。そんなエネルギーがあればもっと前向きなことに使うのではないか。そこまでしてするか、復讐?とはいいきれないのも人類史をなぞれば周知の通り。

それにくらべてもうひとつの説はわかりやすい。室町時代に開墾された田んぼの土成分を調査したところ、ここにあった土が多く検出されたというのだ。つまり開墾にあたって土を流用したというわけ。ではもっとあったはずの巨石はどうなったかというと、そこに出てくるのが戦国時代の築城に関わる需要。たしかにあの時代、石垣積みには相当の石材が必要だったはず。ここの巨石を拝借してしまってもおかしくはない。現状ではいずれも説のひとつ。というか確定できる日なんて来るのだろうか。

石舞台古墳を間近に眺め、さらに石室のなかに入ってみて、巨石遺跡を巡る徒歩旅行も大団円だが、もう少し。石舞台古墳を南に回り込むと唐突に現れるのが、「まら石」と呼ばれる棒状の石。長さ1m以上の石が45度ほどの角度で地面から屹立する姿が立派。しか

し解説によると、かつてはもっと猛々しく直立していたというのがなんだか切ない。ちなみに川を挟んでこの石の対岸にある小山の名前は「ふぐり山」。お茶目にもほどがあるぞ明日香人。

DATA

⦿**モデルプラン**：近鉄飛鳥駅→猿石→鬼の雪隠・鬼の俎→亀石→橘寺二面石→飛鳥坐神社陰陽石→酒船石→石舞台古墳→まら石→飛鳥駅
⦿**歩行距離**：約11km
⦿**歩行時間**：約4時間
⦿**アクセス**：起終点の飛鳥駅へは大阪阿部野橋駅から近鉄南大阪線、吉野線を乗り継いで約45分
⦿**立ち寄りスポット情報**：橘寺＝明日香村橘532。☏0744-54-2026。09:00～17:00。一般350円。飛鳥坐神社＝明日香村飛鳥708。☏0744-54-2071。酒船石＝明日香村岡。☏0744-54-3240。石舞台古墳＝明日香村島庄254。☏0744-54-4577。8:30～17:00。一般300円

鳴門の渦潮と海峡の渡し船

なるとのうずしお かいきょうのわたしぶね

徳島県

世界三大渦潮のひとつを眺め、そこから海沿いの道を辿る

鳴門の名物は?と聞かれれば、たいていの人は「渦潮」と答えるだろう。鳴門海峡に発生する巨大な渦潮は昔から人の心を惹きつけ、平安の和歌に詠まれたり、江戸時代の浮世絵に描かれてもいる。ときには最大直径30mにもなり、イタリアのメッシーナ海峡、カナダのセイモア海峡のそれと並んで、世界三大渦潮に数えられているそうだ。

ただ鳴門といえば徳島県。遠いかなというイメージがあったが、実際には神戸から高速バスで1時間半の距離だ。逆に要注意なのは、渦潮はいつでも盛大に発生しているわけではないこと。潮が動いている時間帯、しかも大潮という好機を選んでチケットを押さえる。

淡路島を抜け、大鳴門橋を渡って四国に入ったところでバスを下車。高速道路上のバス停から坂道を下っていけば、渦潮を間近に眺められる観潮船の波止場までは少しの距離だ。

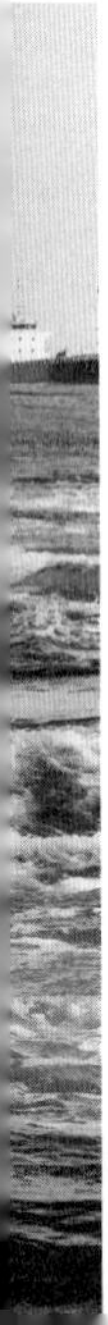

（下写真）大潮の好条件下で激しく渦を巻く鳴門の渦潮。某家電メーカーの洗濯機にもその名は採用されていたし、かつてラーメンの具として定番だった「鳴門巻き」の名前もこれにあやかったもの

こちらはとくに予約の必要もなく、30分に一便程度で順次出航している。

出航当初、船は穏やかな海面を滑るように進んでいたが、岬をまわり、大鳴門橋のたもとに近づくにつれて海況は一変。さまざまな方向から押し寄せる白波が幾層にも重ね合わさり、激しく波打っている。これが鳴門の渦潮か。巧みな操船技術で船はそんななかに突入していくが、当然大きく揺れることもあり、手すりから手を離すのが怖い。強力なエンジンがついた現代の船なら強引に突破することもできようが、帆船時代はさぞ難所だっただろう。今でも小船が引き込まれて操船不能になることがまれにあるらしい。

ちなみに渦潮が時化《しけ》と違うのは、発生するのはごく限られた場所ということ。少し遠くの海上に目をやれば、そこでは小さなプレジャーボートが穏やかに釣りを楽しんでいる。そもそもなんでこんな渦潮が発生するのか。そこにはやはり潮流が大きく影響しているのだ。満潮時に大阪湾や瀬戸内海へ入り込んできた海水が、干潮時にはわずか幅1・4㎞しかない鳴門海峡にドッと押し寄せてくるために、上を下への大騒ぎとなるわけだ。

無事に海の難所から帰還し、そこからは鳴門市の東側に延びる海岸線に沿って南へ歩いていく。「四国の道」と名づけられたこの遊歩道は、やがて千鳥ヶ浜という美しい海岸へ降り立つ。ここは吉川英治の時代活劇『鳴門秘帖』の舞台だそうだ。

海沿いの県道にもそれほど自動車の往来はないが、途中で併走する小径《こみち》を発見。歩いて旅するならやはりこんな道である。こちらは地元の生活道といった趣で、畑のなかに点在する家々が皆玄関を向かい合わせている。その先で土佐泊《とさどまり》という美しい地名の集落に辿りつき、眼前には大きな川が広がっていた。と思ったら、地図を見るとこれはなんと海峡、小鳴門海峡だ。ここまでは大毛島という島を歩いていたのだった。

土佐泊の由来は、紀貫之が『土佐日記』を書く際に立ち寄ったとか、土佐と大阪を往来する交易船の寄港地だったとか諸説があるらしいが、僕にとって大切なのは大好物の渡し

島とは気づかぬまま大毛島を歩き、やがて土佐泊という名の集落へ。途中で見かけた玉ねぎのようなニラのような植物の畑は、後から調べるとラッキョウ。大毛島はラッキョウの名産地なのだった

船があること。しばらくしてやって来た渡し船は、いつも川で乗るような桟橋を使うものでなく、船の前がガバッと開口して直接海辺へ接岸するタイプ。上陸用舟艇みたいだ。

船には自転車に乗った三人の小学生がいたが、下船することなく、僕と一緒にそのまま対岸へ戻っていく。無料とあってちょっとした遊覧船気分なのかもしれない。気楽でいいなと思う反面、ひとりの子どもが「ほんとは○○中学に行きたいんやけどなぁ」などと話すのを聞くに、彼らにもそれなりの悩みはあるようだ。

対岸からさらに撫養《むや》川を橋で渡れば、神戸行きバスが停車する高速鳴門バス停

小鳴門海峡を渡って、四国本島から渡し船がやってきた。本数は30分に一本ほど。橋でもつながっているが、橋は高い場所に架けられているため、今も歩行者や自転車の人に需要があるのだろう

は近い。そしてこのバス停には、乗り物好きの間で地味に話題の物件がある。それは『すろっぴー』と呼ばれる斜行モノレール。地上にある入口から高速道路の高架上バス停までをつないでいるのだ。上へ延びるレールは緩やかな曲線を描いていてなかなか美しい。これに乗るには発着場にあるボタンを押し、無人のすろっぴーがやってきたらなかに入ってまたボタンを押す。つまりはエレベーターと同じだ。運賃は無料。歩道も併走しているので、これに乗らなくてもバス停への往来は可能なのだが、バス停には関空や神戸空港を目指す高速バスも発着。大きなスーツケースを持った乗客がいる可能

高架上にある高速鳴門のバス停と地上を結ぶ斜行モノレールの「すろっぴー」。路線距離は約160m。運賃無料。無人運転。20mの標高差を片道90秒ほどで昇降する。現在のすろっぴーは二代目

性も考えてこんなシステムが導入されたのかもしれない。

いずれにしても渡し船とすろっぴー。新旧二種類の無料公共交通手段を乗り継ぐという、なかなか刺激的な旅の有終となったのだった。

DATA

⦿モデルプラン：鳴門公園口バス停→うずしお観潮船→四国の道→千鳥ヶ浜→土佐泊→岡崎渡船→高速鳴門バス停（すろっぴー）
⦿歩行距離：約9.5km
⦿歩行時間：約３時間半
⦿アクセス：起点の鳴門公園口バス停までは神戸三宮より高速バスで約1時間20分。終点の高速鳴門バス停から高速バスで神戸三宮まで約1時間30分
⦿立ち寄りスポット情報：うずしお汽船＝📞088-687-0613。一般1600円。岡崎渡船＝📞088-684-1166

太陽の塔と国立民族学博物館

たいようのとうと こくりつみんぞくがく はくぶつかん

大阪府

半世紀の時を経て、ついに出会う太陽の塔の秘密

大阪初体験は１９７０年に開催された日本万国博覧会（大阪万博）だった。当時はまだ幼稚園児。「行きたい」などとねだれる歳ではない。おそらくは好奇心旺盛な母の意向が働いたのだろう。それでも少しずつ増えてくる資料やテレビの報道を観るにつけ、子供心に「これは只事ではない」と思ったはずだ。各国が競うように建てたパビリオンはまさに未来都市そのもので、出発まではそんなパビリオンの絵を描くのが日課となっていた。

しかし。なんと間の悪い子だろう。出発三日前になって中耳炎を発症。医者は「旅行なんてとんでもない！」。だが、母はそんな医者の忠告を無視して万博旅行を強行。僕の耳もおとなしくしてくれていた。当時の会場はその後万博記念公園となり、多くのパビリオンは解体されて祭りは終わった。今回はそんな万博跡地を巡る旅に出てみたい。

(上写真)1970年からこの地に立つ「太陽の塔」。頂部の「黄金の顔」、腹部の「太陽の顔」、背面には「黒い太陽」という三つの顔を持ち、それぞれが未来、現在、過去を意味するという(写真提供:大阪府)

万博記念公園駅を下車するとまず目に飛び込んでくるのが、巨大な「太陽の塔」だ。この塔の姿は子供心にも奇異に映ったものだが、そのいっぽう今日でも古さを感じさせないのは、デザインした岡本太郎の面目躍如といったところか。

一見、モニュメントのように見えるこの塔、実は内部に入れるようになっていて、これ自体もパビリオン的な存在だ。大阪万博当時もぜひ入ってみたかったものの、残念ながら我が家では却下。

それから20年以上経った1990年台、当時のまま放置されていた内部が修復されて、人数限定で再び見学できるという報道が流れた。いまだに太陽の塔の呪縛から解かれていなかった僕は、10枚以上も葉書を送ったが落選。なんでも当選者の数は、大阪万博が開催された1970年に合わせて1970人にしたとのこと。「なかなか気が利いてるでしょ！　えっへん」というしたり顔の担当者が頭に浮かんで、本気で憤ったものだ。1970という数字にこだわりたいなら、1970万人選んでほしかった。

それからさらに20年近く経った2018年。耐震強度工事に伴って内部は再び改修。そしてついに、予約をすれば見学できる時代になったのだった。初めて太陽の塔と出会ってから、すでに半世紀の年月が経過していた。

全長約70mにも及ぶ塔内部には巨大な生命の樹がそそり立っており、そこには徐々に進化を遂げていくさまざまな生物が宿っている。原生類や哺乳類を経て樹の上部にいるのは人類。しかし解説によると、岡本太郎は決して生命の頂点として人類を表現したわけではなく、根源から吹き上げる生命の炎の末端の象徴としているそうだ。

人類が立っている枝の先にも幹はまだまだ続き、そのはるか先に輝いているのは、塔のテーマでもある太陽。地球の生命はこのままやがて太陽へと昇りつめるのか、あるいは焼きつくされてしまうのか。ちなみに大阪万博のテーマは「人類の進歩と調和」だった。

太陽の塔から東へ少し歩くと、大阪万博当時の様子を紹介する「ＥＸＰＯ’70パビリオン」

1977年、大阪万博跡地に開館した国立民族学博物館。これまでに内外より収集してきた資料は34万5000点を越えるという。ちなみに愛称は民博（みんぱく）。（写真＝国立民族学博物館提供）

というものもある。この建物は大阪万博当時、鉄鋼館というパビリオンだったもの。展示物を眺めてみれば、当時の空気感に僕たちの世代は懐かしさがあふれ出し、若者にとってはかえって新鮮なのではないだろうか。会場ではすでに電気自転車が実用化され、「夢の」リニアモーターカーも構想が進んでいた。

さて、万博記念公園でもうひとつ外せないのが「国立民族学博物館」だ。これは、以前より切望されていた民族学をテーマとした博物館を大阪万博跡地に建築したもの。１９７７年に開館し、初代館長は、かの梅棹忠夫。この博物館のすごさはなんといってもその膨大な展示だ。民族学に関するもので、ここにないものはないんじゃないかと思うくらいあらゆるものが並んでいる。もちろん展示されているのは所蔵品の一部にすぎないだろうから、バックヤードまで含めるといったいどれだけのものがあることやら。以前、僕がフランスの蚤の市で手に入れて用途不明だった刃物や、子どものころにソ連に赴任していたおじさんからもらった西アジアのどこかの帽子、そしてサンチャゴ・デ・コンポステーラを巡礼したときに目にした不思議な木製の十字架も、ここにはすべて展示されていた。

順路に沿って世界各国の民族を俯瞰し、後半にはアイヌや沖縄、日本が登場。最

国立民族学博物館に展示されていたこちらは、ガーナのキオスク。日用品が並ぶ。プレートに「1996年収集」と記されているということは、丸々現地から運んできたのか(国立民族学博物館所蔵)

日本各地からの収集物も豊富。鳥の姿の衣装は島根県津和野の鷺舞で用いるもの。左の異様な風体をしたものは、鹿児島県の硫黄島に年に一度だけ現れる来訪神「メンドン」(国立民族学博物館所蔵)

後に多民族国家としての日本を紹介しているにあたっては、なんだか胸が熱くなる。そして世界を日本を、まだまだ旅したい気持ちは昂ぶるばかりだった。

DATA

⦿モデルプラン：大阪モノレール万博記念公園駅→太陽の塔→ＥＸＰＯ'70パビリオン→国立民族学博物館→万博記念公園駅
⦿歩行距離：約3.5km
⦿歩行時間：約1時間半
⦿アクセス：起終点の万博記念公園駅へは、新幹線新大阪駅から御堂筋線(北大阪急行線)で千里中央駅へ約15分。そこから大阪モノレールで約5分
⦿立ち寄りスポット情報：万博記念公園＝吹田市千里万博公園。☏0120-1970-89。9:30～17:00。水(祝日の場合翌日)休、4月～GW、10、11月無休。一般260円。別途太陽の塔入館720円。オフィシャルサイトより事前予約可(予約優先)。EXPO'70パビリオン＝10:00～17:00。休館日は万博記念公園に同じ。一般210円。国立民族学博物館＝☏06-6876-2151。10:00～17:00。水(祝日の場合翌日)、年末年始休。一般580円

鈴鹿山麓の廃村と風穴巡り

風穴を探検したのちに、山中の廃村群を訪ねる

滋賀県

すずかさんろくのはいそんとふうけつめぐり

滋賀県と岐阜県、そして三重県の県境に位置する鈴鹿山脈の登山地図を眺めていて、奇妙なことに気づいた。「廃村」という表記がいくつも点在するのである。廃村とはいうまでもなく、かつてあった村がなくなったということだ。しかし人が去るだけではなく、建物も消えてしまえば、もはや廃村と称されることさえないだろう。つまりそこにはまだ、人が暮らしていた名残があるということか。

地図上では一本の道がそれらの廃村をつないでいるように見える。さらにその道へ辿りつくにはと思案していると、同じ道筋に「河内の風穴」なるものが存在することも発見した。こんな偶然性が地図読みのおもしろさのひとつでもある。次第に見えてきた廃村と風穴をつなぐ道を歩いてみることにした。

最寄りは近江鉄道の多賀大社前駅。最寄りといいつつも、駅から河内の風穴までは10㎞ほどあるし、その間にはバスもない。ここも全部歩くとなると半日では難しいなと悩んでいたところで乗合タクシーの情報を入手した。これはバス路線のようにあらかじめルートが決められており、予約すればそこを走るタクシーを乗合料金で利用できるそうだ。住民の交通手段維持のために、自治体とタクシー会社がタッグを組んだのだろうか。よそ者ではあるが、ありがたく利用させていただく。

タクシーは林道を遡り、風穴入口へ到着。沢沿いの遊歩道を伝っていざ風穴へ入ろうとしたら、いきなりなかからコウモリが飛び出してきて驚く。そんな漫画みたいな展開、起こるかね。さらに「落石注意、停電注意」の看板。どちらもどうやって注意したらいいことやら。

入口は狭かったものの、なかには空間が広がっていた。頭をぶつけないように天井を確認すると、そこにはまたもやお休み中のコウモリが。種類はわからないが小さくてかわいいものである。羽というか腕を身体にまとっている姿はまさにコウモリ傘。

この風穴、一般客が入れるのは200mほどまでだが、実はその先も10㎞ほど続いているらしい。過去に犬を放ってみたら、なんとその犬が三重県で発見されたという、現在で

屈まないと入れないような狭い入り口から一転、内部には広い空間が広がっている「河内の風穴」。風穴は三層構造になっており、一般観光客はそのうちの二層、200mほどまで入ることができる

は動物愛護的にどうなのよ的なエピソードも残っているそうだ。

外界へ戻る途中、来るときには聞こえなかった「ゴォー」という音が耳に入る。この音は、風穴近くのどこかを流れる地下水脈によるものなのだとか。

なかなかエキサイティングな寄り道だったが、ここからは本筋、廃村を巡る旅である。鈴鹿山脈の西を北上する道はしっかり舗装され、そこを歩いているかぎりでは廃村という言葉はピンとこない。ときどき追い抜く自動車は先にある霊仙《りょうぜん》山へのハイカーだろうか。

やがてちょっと奇妙な光景に出くわした。木造の車庫、というか農機具置き場のような建物が道沿いに現れたのだ。それもひとつではない。両側にズラリと10棟近くはあるだろうか。そして手前には細くて急な登りの分岐が延びている。つまりこの奥に、これらの小屋を所有する人たちの集落があるということか。

急坂を一直線に登っていくと、道の両側に古い家屋がポツリポツリと建っていた。倒壊寸前のものから、まだ十分住めそうなものまで状態はさまざまだ。共通しているのは、どれも緻密に組まれた石垣の土台の上に建っていること。この深い谷間に平地を作りだした苦労がしのばれる。集落内に残っていた地名表示によると、ここは「多賀町大字雲仙入谷」と

山中に延びる細い道沿いに突然、いくつもの納屋が現れた。一瞬、意味がわからなかったが、おそらくこの納屋の所有者はここからさらに急峻な場所に暮らす人たちなのだろうと推測、細道を登ってみる

集落内にはまだ人が暮らせそうなものから、すでに倒壊寸前のものまで、さまざまな家屋が点在していた。これらの家に人が住んでいたころ、この山中でどんな暮らしが営まれていたのだろうか

いう場所だ。

小さな空き地に軽トラックが停まっていた。まだ完全な廃村というわけではなく、転居先から通いでやってくる人がいるのかもしれない。もしお会いできたら話を聞けるかなと期待したが、残念ながら人影を見ることはなかった。

農機具置き場まで戻って先へ進むと、再びいくつもの家屋が姿を現した。こちらは落合という集落で、茅葺き屋根の古民家や瓦葺きの家、重厚な蔵など、さまざまな建物の混在が歴史を物語る。ただ、どこも木製の雨戸を固く閉ざし、その上からは板が打ちつけられていて生活の気配はない。奥に鎮座する神社には、真新しい幣《ぬさ》が飾られ、お墓にも新しい花が捧げられている。ここもかつての住民が訪れるのだろう。

このままずっと車道を歩けるかと思いきや、途中、治山工事現場を過ぎた先からは完全な登山道になる。これを汗拭峠まで登りつめれば、そこからは下りだ。「汗拭」という名前のわりにはそれほど傾斜は厳しくないなと油断していたら、峠直下の九十九折りでカーブをひとつ曲がりそびれ、足元がほとんどない悪場に踏み込んでしまって冷や汗をかく。この峠でかく汗はこっちの汗だったかと気を引き締める。

峠に着いて休憩していると、尾根筋か

谷間の険しい地形に、かつての住人たちは石垣を積み上げて平地を築いていたようだ。家から道筋に下ってくる小径までも石を敷き詰めた階段が作られていて、なんだかエキゾチックな雰囲気が漂う

最後に辿りついたのがかつての榑ヶ畑集落。すでに住居の構造物は見当たらず、苔むした石垣が何段にも広がるばかり。そこには樹木が林立し、もはや当時の面影を偲ぶべくもない

ら何人ものハイカーが下りてきた。やはり霊仙山からの下山中とのこと。僕が霊仙山には登らずにここから峠を下ると聞くと、不思議そうな顔をしながら下っていった。

汗拭峠から15分ほど北に下ると山小屋が現れた。通年営業ではないようでこの日は閉まっていたが、シーズン中はやはり霊仙山を目指す人が訪れるのだろう(後日確認してみたところ、建物の老朽化などにより現在休業状態)。

そしてこの山小屋の周囲に広がるのが、最後の廃村である榑《くれ》ヶ畑《はた》だ。集落とはいっても建物自体の痕跡はほとんどなく、樹林のなかに苔むした石垣が残るだけだ。

この日歩いてきた廃村のなかでは、一番早くに人が住まなくなったのかもしれない。かつて家が建っていたと思しき石垣の上には、すでに直径20㎝以上はあろうかという木が何本も育っており、もはや遺跡のような趣だ。ほかの村と違ってここは人の気配が感じられなかったけれど、実はさきほどの山小屋はかつての集落住人が運営してきたそう。つまり今も住人が最も深く関わり続けている廃村なのだった。

汗拭峠でひと息つく。ここは霊仙山の登山コース上にあたり、登頂をすませたハイカーがやってきては下山していった。「鳥獣保護区」と「クマ出没注意」の看板が並んで立っているのが現代っぽい

DATA

⦿モデルプラン：近江鉄道多賀大社前駅→河内の風穴→入谷→落合廃村→汗拭峠→榑ヶ畑廃村→醒井養鱒場→JR東海道本線醒ヶ井駅
⦿歩行距離：約9km
⦿歩行時間：約4時間半
⦿アクセス：JR京都駅から多賀大社前駅へは東海道本線、近江鉄道多賀線を乗り継いで約1時間半。多賀大社前駅から起点の河内の風穴までは、多賀町の予約型乗合タクシー「愛のりタクシーたが(400円。℡0749-22-1111)」を利用。終点の醒井養鱒場から醒ヶ井駅までは、米原市の予約型乗合タクシー「まいちゃん号(500円。℡0749-52-8200)」を利用。いずれも事前要予約。詳細は各自治体のサイトを確認のこと
⦿立ち寄りスポット情報：河内の風穴＝多賀町河内宮前。℡0749-48-0552。9:00～17:00(夏期は～18:00)。荒天時は休。一般500円

竹田城跡《たけだじょうせき》

数百年の時を越えて、にわかに脚光を浴びる「天空の城」

兵庫県

山陰道但馬《たじま》国、現在の兵庫県朝来市にある竹田城。標高３５４ｍの古城山の頂上に築かれたこの城跡は、山城としては日本有数の規模を誇る。天候によって雲海からに浮かび上がる姿は「天空の城」「日本のマチュピチュ」などと呼ばれ、今日では多くの観光客が訪れる。日本百名城にも選ばれているこの竹田城にぜひとも登城してみたいと目指したのは、ＪＲ播但線の竹田駅。駅を降りるとすぐ裏が登山口という段取りのよさだ。「駅裏登山道」という名前もそのものズバリでよろしい。城跡までの所要時間は30分ちょっと。登山口からの標高差は２５０ｍほどなのだが、１㎞弱という短距離のため、けっこうな急登が続く。道筋は岩を敷いた昔ながらのものから、最近整備されたものまでさまざまだ。階段状の道を辿り、全身がじっとりと汗ばんできたところでようやく入口に到着。昔の武士は重たい

JR播但線は姫路駅から途中の寺前駅までは電化されているが、そこから終点の和田山までは非電化。寺前駅での乗り換えが必要だ。竹田駅までも一輛編成のディーゼルカーがコトコトと走っていく

武具を装備して、こんな山道を攻め登らなければならなかったのか。

辿りつくといきなり巨大な石垣が現れる。日本の城はおおまかに平城、平山城、山城に分けられるなか、ここまで汗をかきかき登ったことでもわかるように竹田城は典型的な山城だ。高い場所に建てることで軍事上の優位性を狙った、実戦向きの城といえる。

そのいっぽう、山中にあることから修復維持が困難だったり、アクセスが不便との理由から、街中にある平城にくらべると荒れるがまま放置されるものも多いと聞く。これまでに訪れた山城も、地形に呑まれ、いったいどこが城跡やらとい

うものも少なからずあったが、そういう「兵どもが夢の跡」感も、山城ファンにとっては魅力なのだろう。

そんななかこの竹田城跡には、見事な石垣が当時とさほど変わっていないであろう状態で残っている。天守台を中心に三方向へ曲輪《くるわ》が延び、その大きさは南北４００ｍ、東西１００ｍにもなる。石垣は野面《のづら》積みと呼ばれる積みかたで、石をあまり加工せずに用いるのが特徴的。大小さまざまな石が混じり、隙間もあって脆弱そうに見えるが、実際には隙間が雨水を適度に排水することなどから耐久性に富んでいるという。逆に石垣以外の部分はいっさい残っていない。復元されていないのも潔く、それが竹田城跡の「遺跡感」をより高めているようだ。

竹田城が建てられたのは15世紀半ば。但馬の山名氏と播磨の赤松氏の衝突のなかで、山名氏から守護代に任命された太田垣氏が城主に。その後、応仁の乱や戦国時代を経て、関ヶ原の戦いでは西軍につき、敗北のうえ廃城になったという。

緻密に組まれた石垣が当時のままに残る竹田城跡。その姿は虎が臥せているように見えたことから、かつては「虎臥城」とも呼ばれていたという。雲海に浮かぶ姿は秋から冬にかけての早朝が吉

そもそもこの竹田城。城下に暮らす人たちにとっては、見上げればいつでもそこにある存在ではあったものの、ことさら特別なものではなかったという。せいぜい小学校の遠足でお弁当を食べたり、デートでこっそり登りに行ったりするくらいの存在だったそうだ。

そこに転機が訪れたのが2012（平成24）年。高倉健の遺作映画『あなたへ』のロケ地として使われたことから話題になり、さらに翌年にはグーグルのテレビCMにも登場したことで、日本だけでなく世界的にも人気が沸騰したのだった。

集落の人たちにとってはまさに降って湧いたような話で、それからは押し寄せる観光客への対応に奔走。今日では竹田城のみではなく、集落にあった古い酒造所跡を観光客向けの情報施設や飲食スペースなどに改装して、町全体のリノベーションを図っている。

そのいっぽうで問題も発生した。来訪者が増えすぎて肝心の

城跡が随所で傷みだしたのだ。芝生ははげ、土砂の流出によって石垣が崩壊する危険性も指摘された。やむなく一時は全面的に入山を禁止して整備回復を図ったりもして、現在に至るという。

たしかに実際に歩いてみると、あちこちに立入禁止の札が立ち、規制ロープが巡らされていて、いにしえの古城跡を体感したくて訪れた身としてはやや無粋な気がしなくもなかったが、そこにはそんな背景があったと知ればやむを得ない。ただ、ここ1～2年はさすがに当時のような喧噪は収まりつつあるというので、いずれは昔の姿そのままを拝める日が来るかもしれない。

竹田城から城下を俯瞰する。竹田城の人気が高まるにつれて、城下にも「情報館 天空の城」など付随施設がオープンした。城下町の向こうに見える立雲峡は、竹田城撮影のためのベストスポット

一説によると、この竹田集落自体が、竹田城築城のために集まってきた職人たちがそのまま住みついて城下町になったのだそうだ。そう考えるとこの竹田城は、築城に尽力した人々の子孫に対して、はるか600年以上も前に残してくれた壮大なサプライズ・プレゼントといえるだろう。

集落の人にとって竹田城跡は、裏山を見上げればいつもそこにあるありふれた存在だった。それがこの10年で日本はおろか世界中からもクローズアップされることになって、驚くばかりだとか

DATA

⦿モデルプラン：JR竹田駅→竹田城跡→竹田集落→竹田駅

⦿歩行距離：約3km

⦿歩行時間：約2時間

⦿アクセス：起終点の竹田駅へはJR神戸駅から山陽本線で姫路駅へ約40分。そこから播但線で竹田駅へ約1時間40分。特急「はまかぜ」を利用すれば神戸駅から竹田駅へ約1時間40分

⦿立ち寄りスポット情報：竹田城跡＝朝来市和田山町竹田古城山169。📞079-672-4003。8:00～18:00（季節に応じて変更あり）。天候により入場不可あり。一般500円

あまのはしだて

天橋立

京都府

日本三景にも数えられるあの砂州を、歩いてのんびり渡ってみよう

日本三景のひとつに数えられる天橋立。「日本三大○○」とか「世界三大××」というのにはけっこう出自が曖昧なものもあるが、この日本三景については江戸前期の儒学者である林鵞峰《がほう》（林羅山の息子）が自著に記したのが始まりらしい。そして天橋立といえば、あの全長4㎞弱にわたって延びる砂州だ。あそこを歩いて渡り、俯瞰できる場所まで登って絶景を満喫しよう。

京都丹後鉄道の天橋立駅を降りてそのまま北東に歩き出すと、まず現れるのが智恩寺というお寺。こちらは雪舟の16世紀初頭の作品『天橋立図』にも描写されている。知恵の神様である文殊菩薩を祀っていることから、合格祈願のお参りが多いという。境内に植えられた松の枝にたくさんぶら下がっている白いものは小さな扇子。そこには「吉」とか「大

吉」とか書かれていて、これは扇子を模したおみくじなのだった。
　智恩寺からはいよいよ天橋立を渡る。写真で見る天橋立は一本につながっているように見えるが、実際には大部分をなす大天橋と、駅側に小さく延びる小天橋から構成されている。まずは小天橋へ廻旋橋という橋で渡るのだが、これはその名の通り廻旋する可動橋。橋より高さのある船が通過するときは、ぐるりと回転して通れるようになっている。橋のたもとには、昔の鉄道にあった踏切番小屋のようなものがあり、そこに係員が常駐。現在は電動式だが、１９２３（大正12）年までは人力だったとか。

天橋立に隣り合う知恩院は日本三大文殊信仰のひとつとして知られ、学問成就や合格祈願のお参りが絶えない。ここのおみくじは扇子の形をした独特なもので、境内の木には数多くの扇子が提げられていた

小天橋から再び橋（こちらは通常の橋）を渡れば大天橋だ。ここから海上に延びる砂州を歩いていく。砂州とはいってもしっかりと踏み固められており、砂浜のようなフカフカ感はない。道沿いは数多くの松が育ち、『昭和天皇御手植松』や『双龍の松』など、いわれのある名前がつけられたものも多い。

そしてこれらの松とそこに続く白砂の浜とのコントラストが、いわゆる「白砂青松《はくしゃせいしょう》」と称される日本の美しい海岸の典型とされ、あまたの歌に詠まれ、絵に描かれてきたのだった。

この風景を維持するのには並ならぬ苦労があるようで、たとえば松についてはマツクイムシによる大被害を受けたこともあり、また富栄養化によってマツ以外の樹木が増えたりしてしまっているそうだ。

さらに砂浜に関しては日本のほかの海岸線同様、侵

食による面積の減少に悩まされているという。

　天橋立を七割ほど歩いたときのこと。反対側から歩いてきたおじさんに声をかけられる。聞けばこの地に住んでいて、ここを歩くのが日課なのだとか。僕が東京からやってきたと知ると、おじさんはにわかに「天橋立観光案内人」に早変わり。この地の美しさや松の管理の現状、約８０００本もの松が育っていることなどを教えてくれた。

　彼にお礼を告げて再び歩きはじめると、やがて対岸に辿りつく。ここまで小一時間歩いてきたが、これだけでは天橋立を俯瞰して拝むことはできない。どこか高台へ上がらなければ。しかし心配は無用。対岸に連なる山には傘松公園という絶好の展望地があり、そこまでは麓からケーブルカーで登れるのだ。１９５１（昭和26）年に開通したこのケーブルカー

天橋立を歩いて渡ったあと、ケーブルカーに乗って傘松公園を目指す。そこから振り返った光景はまさに絵に描いたような天橋立の姿だった。こんな地形が維持され続けているのが不思議でもある

端から見た天橋立は細長く海面に延びるばかりで、なんだか頼りなげだったが、実際に歩いてみると地盤はしっかりしており、そこに数多くのマツが根を張って景観を作っていた

は、130mの標高差を4分で連れていってくれる。

山腹の傘松駅を降りて外に出てみれば、そこには写真などでお馴染みの絶景が待っていた。この日はあいにくの空模様で、白砂青松の風景というわけにはいかなかったけれど、水墨画よろしく墨の濃淡で描かれたような世界もこれはこれで悪くない。ここには「股のぞき」ポイントも設定されていて、そこから股越しにのぞいてみると、天地が逆転したその風景は空へ昇る龍の姿、あるいは天橋立の名の通り、天に架かる橋のような趣を見せてくれるのだった。

さて天橋立を歩き、高い場所から展望

したら、あとは海上からも眺めてみたいもの。そんな要望にも応えられるように、ここには観光船も用意されている。復路は船でのんびりと戻ることにしよう。そしてその前にもうひとつ。ケーブルカーに乗る前に、ハタハタやタイの美味しそうな干物を売っているお店を見つけていたのだ。そこは奥に席もあって、その場で干物を焼いてくれるという。あそこで干物をいくつか見つくろって、となれば干物だけというわけにもいきますまい。ビール、いやいやお酒か。どちらにしても天橋立の思い出に絶好のスパイスを加えてくれそうだ。

天橋立のほど近くで見つけたお店では、ハタハタや沖ギスの一夜干し、そしてへしこ（サバのぬか漬け）などが売られており、店内でいただくこともできた。これは寄らないわけにはいかないでしょ

DATA

⦿モデルプラン：京都丹後鉄道天橋立駅→智恩寺→天橋立→天橋立ケーブルカー→傘松公園→天橋立ケーブルカー→一の宮桟橋→天橋立観光船→天橋立桟橋→天橋立駅
⦿歩行距離：約4.5km
⦿歩行時間：約2時間
⦿アクセス：起終点の天橋立駅へはJR京都駅から高速バスで約2時間。京都駅から特急「はしだて」を利用しても約2時間10分
⦿立ち寄りスポット情報：知恩寺＝宮津市字文珠466。✆0772-22-2553。天橋立ケーブルカー＝与謝野町上山田641-1。✆0772-42-0321。9:00〜17:30。一般340円。天橋立観光船＝ケーブルカーに同じ。9:00〜17:15。一般700円（一の宮桟橋〜天橋立桟橋）

屯鶴峯《どんづるぼう》

「奈良のカッパドキア」を目指して右往左往

奈良県

トルコに「カッパドキア」と呼ばれる景勝地がある。火山の噴火に加え、自然の浸食作用でできた奇岩群や、それをくり抜いて造った岩窟教会、地下都市遺跡など、自然遺産と文化遺産の両方で世界遺産に登録されている世界でもまれな場所だ。昔、トルコのイスタンブールを訪れたとき、ついでにカッパドキアもと思ったものの、実はついでに行けるような距離ではなく、泣く泣くあきらめた記憶がある。小アジアとも称される、トルコの広さを甘くみていたのだった。

そんなことを思い出していたら、なんと奈良県に「奈良のカッパドキア」と呼ばれる場所があるのを知った。奈良県といえば山国だ。カッパドキアというからにはさぞかし山深い秘境にあるのかと調べると、大阪から小一時間で行けるというではないか。これは行か

二上駅から屯鶴峯へ至る道は、昔ながらの農村風景と宅地化のちょうど境目だった。写真のような懐かしい里山風景を眺めているこちら側の高台は、新興住宅地となって家々が建ち並んでいる

ねば。トルコの仇を奈良で討つ、なのか？

　奈良のカッパドキアの名前は「屯鶴峯」。名前が持つ迫力はカッパドキアにも引けを取らない。最寄りの駅はいくつかあるものの、ここでちょっと悩む。駅から屯鶴峯へあれこれとコースを検討してみたが、どうもパッとしないのだ。クルマの往来が激しそうな街道沿いだったり、新興住宅の造成地だったり……。

　そんななかで選んだ起点は近鉄大阪線の二上駅。ここからだと途中まで川沿いを歩き、里山風景を眺めながら目的地まで歩けそうだった。実際に駅を出て歩いてみるとすぐに小川が見えてきて、川岸の道が続いている。雨模様の天候が残念

だがしかたがない。
　ひとつ誤算だったのは、あまり利用されていないのか川沿いの遊歩道が草ボーボーで歩けなかったこと。やむなく対岸の車道を伝って上流へ。周囲は住宅地と昔ながらの里山の端境《はざかい》といったところで、こちら側には雑木林や水田、対岸には住宅街が広がっている。
　やがていくつもの国道や県道が複雑に絡み合う交差点が登場し、そこを抜けるとその先には「奇勝どんづる峯」と大書きされた看板が立っていた。整備された階段を上っていき、さらに足場の狭い斜面を登ると、おもむろに屯鶴峯が現れる。白い岩肌が凹凸の岩峰帯を形成し、周囲

(上写真)屯鶴峯の奇景は、火山活動由来の凝灰岩が膨大な年月をかけての風化、浸食作用を受けてできたもの。屯鶴峯の名は、遠くから眺めると鶴が屯(たむろ)しているように見えるからとのこと

は樹林が覆う。白と緑が織りなすコントラストがずっと奥まで続いている。おお、これが奈良のカッパドキアか。たしかにこの風景はそれなりにエキゾチックだ。実際には似た風景はカッパドキアならずとも、日本でも深い山奥へ入れば見られるかもしれないが、こんな至便な場所にあるというのが貴重なのだろう。

　現地にあった解説によると、この白い岩は凝灰岩らしい。かつて隣にある二上山が噴火したときの火砕流が堆積してできたもので、柔らかく浸食を受けやすいためにこんな地形になったのだとか。

　屯鶴峯を地図で確認したとき、この山並を南北に縦走したら楽しいかなと考えた。しかし実際には、宅地の造成やら私有地の関係やらがあって、なかなかそれは難しそうだ。一瞬、行けるところまで強行突破してみようかという考えも浮かんだが、それを諭すかのように雨脚が急に強くなってくる。ここには太平洋戦争時に岩を穿って造られたという戦闘司令所用の壕も残っているそうで、それも観てみたかったけれど、樹林のなかを小径が蜘蛛の巣のように延びており、なかなか辿りつけない。さらに岩盤が雨でスリッピーになり、足下も怪しくなってきた。無理をして怪我でもしたら元も子もないので、今回は残念ながら退くことにする。

ここからは往路を引き返すのではなく、西に歩いたところにある近鉄南大阪線の上ノ太子駅を目指す。二上駅に戻るよりはいくらか遠いようだ。この県道は交通量が多く、しかも一般車に混じってダンプが走っておりなかなか怖い。それでも屯鶴峯までは車道と歩道の間に分離帯が設けられていたので安心感はあった。

しかし、そこから穴虫峠で県境を越えて大阪府に入ると、歩道スペースが急に狭くなった。分離帯も消えてしまい、しかも歩道には脇から雑草がせり出していて、歩行スペースがほとんどなかったりもする。正直いって、雨の屯鶴峯よりこの帰路のほうがおっかなかった。

屯鶴峯には細い道が幾重にも抜けていた。天気がよければこれらの道を細かく歩いても楽しそうだったが、いかんせん降り続く雨で岩がとても滑りやすくなり、今回は残念ながら断念

穴虫峠から先、道は歩行スペースが少ない車道を歩かなければならなかったが、ようやく近鉄線沿いの静かな道への分岐が現れた。新緑とアジサイに囲まれた梅雨らしい風景のなか、駅を目指す

しばらくして再び出てきた分離帯にホッとしつつ、歩道にうごめくカタツムリを危うく踏みそうになりながら上ノ太子駅へ向かったのだった。

DATA

⦿モデルプラン：近鉄二上駅→屯鶴峯→穴虫峠→近鉄上ノ太子駅
⦿歩行距離：約7km
⦿歩行時間：約3時間
⦿アクセス：起点の二上駅へはJR大阪駅から環状線で鶴橋駅へ約15分。そこから近鉄大阪線に乗り継いで約30分。終点の上ノ太子駅からは近鉄南大阪線で大阪阿部野橋駅まで約30分
⦿立ち寄りスポット情報：屯鶴峯＝香芝市穴虫。℡0745-76-2001（香芝市役所商工振興課）

路線バスとコミュニティバス

駅より奥を起点にしたいときは路線バスの出番だが、バス路線網は慣れない者にはなかなかわかりづらい。鉄道の線路みたいな基準がないのが大きな理由だ。

　そこで役に立つのが電子地図。僕が参考にしている『マピオン』は、細かなバス停まで表記されていてありがたい。まず地図上で目的地を見つけ、その近くにあるバス停をチェック。ネットでそのバス停名を検索して、どこの駅からバスが出発するのか調べる。調べた結果、そのバスが一日に二本のみで愕然、ということもあるけれど。

　たとえ本数が少なくても、バス路線があるうちはまだいい。昨今は過疎化などから路線自体が撤退してしまったところもある。

　そんな場所を目指すときには、地域自治体のサイトをチェック。たとえ過疎化が進んでも、人が住むかぎり公共交通機関は必要だ。とくに高齢者が病院や買い物にでかける足は重要。そんな彼らのために自治体がコミュニティバスを運行していることがある。たいてい予約制で、運賃は数百円。物見遊山の者が利用していいのか不安で確認したところ、問題なしとのことだった。なるべく多くの人が利用して、活性化させるにこしたことはないのだろう。

　利用法は自治体ごとに異なる。当日に電話して乗れることもあれば、一週間前に登録が必要なところもあった。またタクシー会社と提携して、「乗合タクシー」を運行している自治体もある。いずれもうまく使えば有効な移動手段になるはずだ。

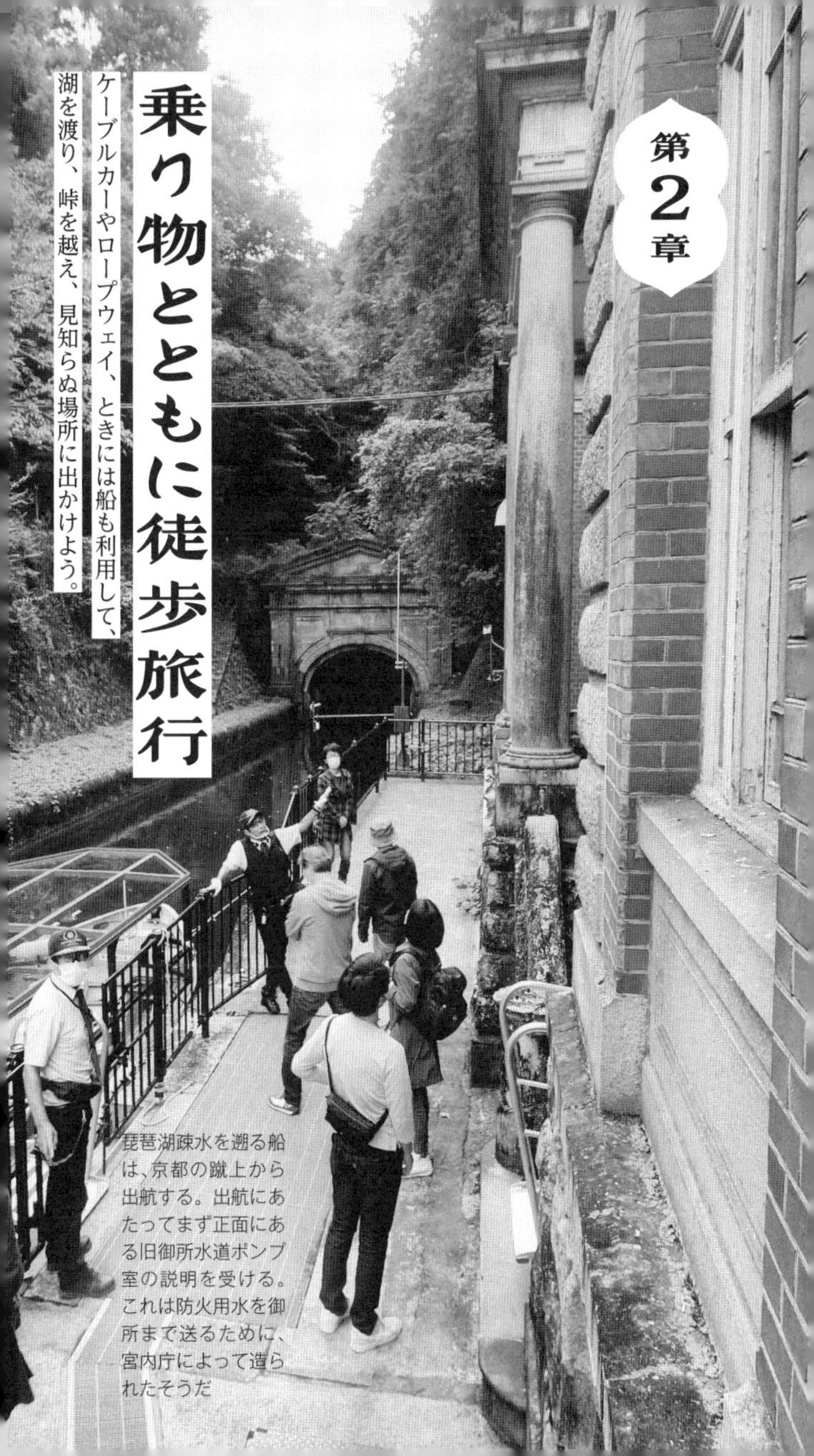

第2章

乗り物とともに徒歩旅行

ケーブルカーやロープウェイ、ときには船も利用して、湖を渡り、峠を越え、見知らぬ場所に出かけよう。

琵琶湖疏水を遡る船は、京都の蹴上から出航する。出航にあたってまず正面にある旧御所水道ポンプ室の説明を受ける。これは防火用水を御所まで送るために、宮内庁によって造られたそうだ

歩いて船で琵琶湖疏水《あるいてふねでびわこそすい》

京都府
滋賀県

琵琶湖疎水を船で遡り、琵琶湖からは疎水沿いを歩いて京都へ

よく耳にする関西ジョークに、京都府民と滋賀県民がケンカして、京都府民が滋賀県の田舎っぷりをバカにしたところで、最後は「琵琶湖の水、止めるで」というのがある。このとき、滋賀県民が京都府民の喉元に当てる一閃の刃が、琵琶湖疎水だ。

琵琶湖疎水の工事が着工したのは1885（明治18）年。山々に囲まれた京都にとって、「琵琶湖の水を京都へ！」はそれよりはるか以前からの悲願であったが、既存の土木技術では途中の山を貫通させられず、文明開化によってついに実現したのだった。

当初の計画では、引き込まれた水は農業用潅漑や水車の稼働、舟運が主要な目的だったものの、時はすでに電力の時代が到来しつつあり、途中で水力発電を前提としたプランに急遽変更。これによって京都には日本で初めて路面電車が開通し、また東京遷都のおかげ

（下写真）標高差で船を通せなかった場所には、かつてインクライン
が運行していた。インクライン自体は1948年に運行休止となった
が、その名残であるレールは今も残り、観光スポットになっている

で不遇をかこった京都は再び発展の光を見ることとなった。

いっぽう、舟運については鉄道の開通により早くから衰退していったのだが、2018（平成30）年に復活。予約をすれば誰でも乗れるようになった。これは乗ってみるしかないでしょう。そして乗った後は疎水沿いを歩いてみるしかないでしょうということで、さっそく予約を入れたのだった。

当日は京都の東に位置する蹴上《けあげ》の乗下船場に集合。ここには当時用いられていたインクライン、つまり高度差があって船を通せなかった場所で、船を台車に乗せてケーブルカー方式で越えていた当時

の遺構が今も残っている。

乗船前にひと通り琵琶湖疏水に関するレクチャーを受け、さらには乗船場での注意などを確認し、いざ出発。動き出すといきなり船はトンネルに入る。これは第3トンネルと呼ばれるもので長さは約850m。トンネル内を流れる水というと下水道のようなものを想像してしまうが、流れているのは琵琶湖の水そのもので汚れや臭いもない。

疏水沿いの多くは遊歩道として整備され、地元の人が散歩をしたりジョギングをしたりと楽しんでいる。同乗のガイドが挨拶をすると、みんな手を振って応えてくれる。これもすでに日常の光景なのだろう。それ以外にもシーズンになれば絶景を見せてくれるだろうサクラやモミジの木々。さらには餌を探しているのかサギやカワウの姿も多い。

しばらくすると船は工事の際に最も難関だった第1トンネル内に静々と入っていく。このトンネルは全長2・4㎞とあって、当時としてはまだ珍しかった竪坑方式。つまり横からだけではなく、途中で2ヶ所、上部からも穴を掘ることで完成させたとのこと。ガイドの「はい、今、上を見てくださーい!」という声に誘《いざな》われるように顔を上げてみると、そこにはたしかに穴があり、彼方からうっすらと日の光が差しこんでいた。

このトンネルを抜ければそこはもう琵琶湖のほとり、大津の街に到着だ。ここからは琵

第3トンネルを出てすぐにある第11号橋の上で休んでいると、トンネルを抜けて疏水船がやってきた。乗船時は気にならなかったが、トンネル幅は船よりわずかに広い程度。熟練の操船技術が必要だ

琵琶湖疏水を辿って京都へ歩いて戻る。とはいいつつも、先ほど出てきた第1トンネルの入口からいきなり道はそれる。トンネルの上には「小関越え」と呼ばれる山越えが待っているのだった。これは大津と京都を結ぶ有名な「逢坂の関」の裏街道的存在らしく、たしかに登らされるが、周囲は緑に囲まれ、クルマの往来も少ないので気持ちがいい。

峠を越えると歩道が左に分岐していたのでそちらへ。途中で円柱状の謎の構造物を発見。これはもしやと思ったところ、やはり船上から見上げた竪坑の開口部だった。この真下をたしかに琵琶湖疏水は流れているのだ。

山を越えた道は琵琶湖疎水と合流。「この橋、さっきくぐった！」と、ひとり納得しつつ蹴上を目指す。とはいっても、川面からの風景と川の上からの景色はまるで異なることもあり、ときにこんなに遠くまで見渡せていたのかと驚かされる。

やがて辿りついたのが第3トンネルの出口。橋の上でしばし休憩していると、トンネルの奥からスクリュー音が聞こえてきた。これはラッキー。疎水を行く船の姿を陸から眺める機会を得た。トンネルから出てきた船にカメラを向ければ、ファインダー越しに写りこんだのは同乗したガイドではないか。先方もこちらに気がついたようで、なんだかうれしいよ

第1トンネルを抜ければ、そこはもう琵琶湖湖畔・大津の町だ。この長大なトンネルを掘るにあたり、まずは山上から垂直に掘りこみ、そこから両側に向かって掘り進める竪坑方式で完成させた

湯豆腐でも有名な南禅寺の境内に延びる水路閣。琵琶湖疎水が流れるレンガ造りの水道橋だ。建設当時は景観を乱すとして反対の声もあったらしいが、現在では人気の観光スポットになっている

うな恥ずかしいような再会にして別れ。

この先は疎水沿いに道はなく、迂回してまたひと山越えての都入りとなる。盆地の京都に入るには、どうしたって山越えが必要になることを、身をもって経験したのだった。

DATA

⦿**モデルプラン**：蹴上乗下船場→大津乗下船場→小関越え→第１トンネル竪坑→蹴上乗下船場→南禅寺水路閣→京都市営地下鉄蹴上駅
⦿**歩行距離**：約11km
⦿**歩行時間**：約4時間
⦿**アクセス**：起終点の蹴上乗下船場へは、JR京都駅より地下鉄烏丸線、東西線を乗り継ぎ蹴上駅へ約17分。駅より徒歩5分。蹴上駅から南禅寺水路閣へは往復徒歩約30分
⦿**立ち寄りスポット情報**：びわ湖疏水船受付事務局＝京都市下京区河原町通松原上ル2丁目富永町338。☏075-365-7768。一般5000～8000円（日により変動）。予約申し込みはWEB、FAX、郵送のみ（電話不可）。詳細はサイトにて。南禅寺水路閣＝京都市左京区南禅寺福地町。☏075-771-0365

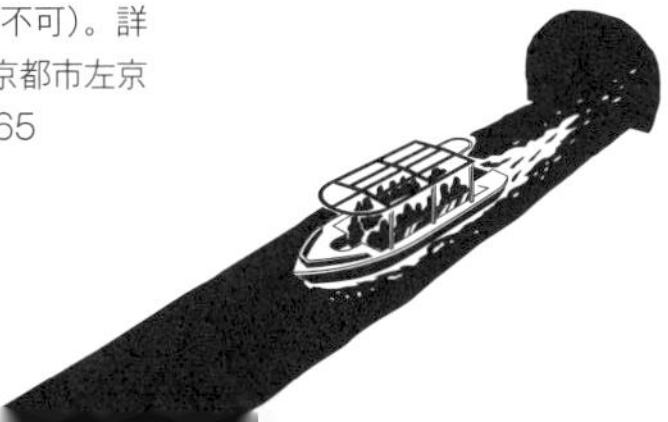

おおさかこうのわたしぶねぜんぶのる

大阪府

大阪港の渡し船全部乗る

今も残る渡し船を乗り継ぎながら、水都大阪を旅する

水都大阪。淀川の河口に発展した大阪は古くから水運が栄え、江戸期以降水路も多く掘削。近年では埋め立てによる人工島も増えた。そんなことから大阪には数多くの渡し船が設けられ、昭和初期には30以上の航路があったという。多くは時代の波に呑まれて消えたが、そのうちの8航路は令和を迎えた今日でも運航しており、しかも運賃はすべて無料。ならば一筆書きよろしくこれらの航路をすべてなぞる旅に出てみよう。

起点にするのはJR桜島線の終点・桜島駅。まずはここから安治川を渡る天保山渡船に乗る。実はこの航路だけはおよそ30年前に一度乗ったことがあった。そのときも桜島線を利用したのだが、貨物の陸揚げをメインに敷設された桜島線は、当時ほぼ役目を終えていて、工業地帯を走るひなびた盲腸線といった印象だった。それが今回再訪して驚いた。桜

桜島側の渡船場から天保山渡船に乗り込んで安治川を横断する。対岸の天保山には観覧車や水族館、そして大阪五低山に数えられる標高4.53mの天保山山頂があり、ちゃんと三角点も埋め込まれている

島駅前には大きなホテルが建ち、駅舎も真新しくなっている。きっかけはもちろん今世紀初頭に開業したUSJだ。30年も経てば都会の風景は劇的に変わる。

渡船場で船を待っていると、自転車を漕ぎつつ地元のおじさん（大阪なので「おっちゃん」か）がやってきた。渡し船は自転車持ち込みで乗れるのだ。聞けば彼はもともとこの並びにある工場で働いていたそうで、僕が30年ぶりだというと「そりゃー、見違えるようでっしゃろ。このあたりもガラリと変わりましたで」と、肯定とも否定ともとれる口調で昔のことを語ってくれた。

やがて対岸から渡ってきた船に乗り込

む。興味深いのは歩行者よりも自転車乗りが多いことだ。なかにはおそろいの自転車で乗り込む外国人グループもいて、もしかしたら渡し船を楽しむサイクリングツアーというのがあるのかもしれない。

船は巨大な観覧車が目立つ天保山へ。航行時間はせいぜい数分。大阪の渡し船はどれも長くて数分、短いものでは数十秒だ。下船したらすぐに次を目指して歩く。街並みには港湾関係の施設や工場が多く、それらの隙間に昔ながら商店街が延びている。

甚兵衛渡船が見えてきたとき、渡船場から数台の自転車が飛び出してきた。到着したばかりか？　遅れてはならじと足早に向かうも間に合わず、今まさに出航したばかり。次は20分後だ。当初、一応旅の計画も立ててみたのだ。しかし途中で8回も渡し船に乗ることを考えると机上の空論だなとあきらめていたものの、やはり直前で乗りすごすのは悔しい。せめて次の運航時刻くらいは意識して歩こうと考えを改める。

甚兵衛渡船は川幅約100mを渡る。かつては紅葉の名所だったここも、現在はコンクリートに囲まれるのみ。甚兵衛というのはこの航路を設けた人の名前だとか。

そこから15分歩けば次の千歳渡船だ。以前ここに架かっていた千歳橋が大正時代に内港化工事で撤去。その代用として航路が設けられたという。

北恩加島と鶴町を結ぶ千歳渡船。かつてここには千歳橋が架かり、市電も運行していたそうだが内港化に伴って撤去。渡し船が開通した。現在架かっている橋は平成になって建設された新千歳橋

千歳渡船を下船したところで少し焦る。次の船町渡船までは約15分の距離で、しかも20分に1便程度で運航しているのものの、その次の木津川渡船は昼間の時間帯には1時間に1便。それに乗るには次の船町渡船に乗らないと間に合わないのだ。同じ轍を踏まぬよう、小走り気味に先を急いだおかげで、ここはふたつの渡し船のスムーズな乗り継ぎに成功。ちなみにほかはすべて大阪市による運営なのに対し、木津川渡船のみ港湾局の管理。昭和には自動車ごと乗れるカーフェリーも運航していたらしい。

木津川渡船以降に乗る、千本橋渡船、落合下渡船、落合上渡船はどれも木津川

最後に乗り込んだ落合上渡船で木津川を渡る。この期に及んで対岸には最寄り駅がないことに気づく。渡し船はあくまでも「手段」として乗りたい身としては、単純な往復乗船は避けたい。そこで……

を渡る。川を遡りながら右岸左岸と順番に乗っていく。そして最後の落合上渡船を前にして痛恨のミスに気づく。アミダ状に木津川を渡ってきた結果、最後の落合上渡船は左岸から右岸へと渡ることになるのだが、右岸にはゴールとすべき駅がないのだ。あるのは左岸のみ。往復して戻ればいいじゃんと思うかもしれないが、渡し船をそれ自体目的として乗るのは旅情的には避けたい。なにか往復のための必然性が必要だ。右岸になにかないかと地形図を広げてみる、あった！　渡船場から5分ほどのところに「昭和山」という山がある。標高33m。これだ。この山に登るために渡し船で往復するのだ。

地形図を広げて発見した「目的地」は、標高33mの昭和山。昭和40年代、「港の見える丘」をコンセプトに、地下鉄工事で出た残土などを積み上げて造った人工の山だ。春、山頂では桜が満開だった

こうしてアリバイ的に登った昭和山は千島公園という公園の一角にあり、山頂にはちゃんと山名標も立てられていて満足満足。山頂からはスタート地点である天保山方面がかすかに望める……。

旅情もなかなかタイヘンなのである。

DATA

⦿モデルプラン：JR桜島駅→天保山渡船→甚兵衛渡船→千歳渡船→船町渡船→木津川渡船→千本橋渡船→落合下渡船→落合上渡船→昭和山→落合上渡船→南海木津川駅
⦿歩行距離：約17km（渡し船区間含む）
⦿歩行時間：約6時間
⦿アクセス：起点の桜島駅へは大阪駅より環状線、桜島線を乗り継いで約20分。終点の木津川駅からは南海汐見橋線、JR大阪環状線を乗り継いで大阪駅へ約30分
⦿立ち寄りスポット情報：大阪市渡船管理事務所＝大阪市西区南堀江4-33-27。☏06-6536-5295

嵯峨野観光鉄道と嵯峨鳥居本の街並み《さがのかんこうてつどうとさがとりいもとのまちなみ》

喧噪の嵐山から静寂の清滝、そしてトロッコ電車を楽しむ旅

京都府

京都嵐山は、平安時代より貴族に愛された景勝地だ。春は桜、秋は紅葉の名所としても知られ、中高生の修学旅行でも定番的な存在になっている。そのいっぽう、バブルの時代にはタレントショップが乱立したり、近年ではインバウンドが大挙して訪れたりと、オーバーツーリズムが問題になったりもしている。しかしそんな嵐山界隈でも、コース取り次第では閑静で趣深い小径の散策も可能なはず。ここではそんな徒歩旅行に挑戦だ。

起点は嵐山のシンボルともいえる渡月橋。混雑時はこの橋もクルマや人で押し合いへし合いになるそうだが、紅葉も終わりが近いとあってさほどでもない。橋から北へ抜ける道はお土産物屋が多く、客引きの声も聞こえるが、こういうところは観光客のメイン層が女性なのか、スイーツやカワイイ系の店が多い。おじさんの心は微動だにせず。

（写真下）桂川に架かる渡月橋。まずはここから嵐山、嵯峨鳥居本の街並みを抜けて、写真の奥にそびえている愛宕山の麓を目指す。現在の渡月橋は1934（昭和9）年に完成した鉄筋コンクリート製だ

道は清涼寺に突き当たって西寄りへ進路をそらしていくが、このあたりまで来ると人波も減ってずいぶんと静かになってくる。そしてそれと比例するように街並みも魅力的になってくる。この界隈は嵯峨鳥居本と呼ばれ、もともと豊かな農村だったことに加えて、後にはこの先に位置する愛宕神社の参道としても栄え、道沿いには茅葺き屋根家屋と商家の町家が共存する興味深い一帯になっているのだ。1979（昭和54）年には、重要伝統的建造物群保存地区にも選定されている。

やがて現れたのが、あだし野念仏寺。ここは1200年ほど前、弘法大師によ

って開創されたとされるお寺で、境内には8000体を越える石仏や石塔が祀られている。これらは古来この一帯に散在していたが、いつしか無縁仏となって山野に埋もれたものを再び集めて祀ったそうだ。その膨大な数の石仏石塔を前にすると、日ごろ現世ばっかり見ている僕でさえ、人類の生死や営みというものに思いを寄せてしまう。

念仏寺から先へ進むと大きな鳥居が道をまたいでおり、これが愛宕神社の一の鳥居。まさにここは参道だ。一の鳥居の向こうにあるのは愛宕《おたぎ》念仏寺。ここも創建は1200年以上前とされる。しかし戦後、台風災害により荒廃し廃寺となっていたものが再興、そのさいに参拝者らによって彫られ、奉納された1200体もの苔むした羅漢像が素晴らしい。

愛宕念仏寺を越えると道は試《こころみ》峠を越える。ここは試坂とも呼ばれ、愛宕山山頂の愛宕神社まで辿りつけるかの試金石になる峠なのでこの名がついたとか。

現在は峠直下にトンネルがあり、そこを抜ければ造作もないが、ここは併走する峠越えの車道を歩く。峠の向こう側は360度回転しながら下っていくループ式になっており、狭い場所で車道を急下降させなければならなかった苦労がうかがえる。

試峠を越えれば、愛宕山の登山口でもある清滝に到着だ。山頂の愛宕神社も詣でてみたいが、これは往復4~5時間はかかる立派な登山。半日徒歩旅行には少々荷が重い。では

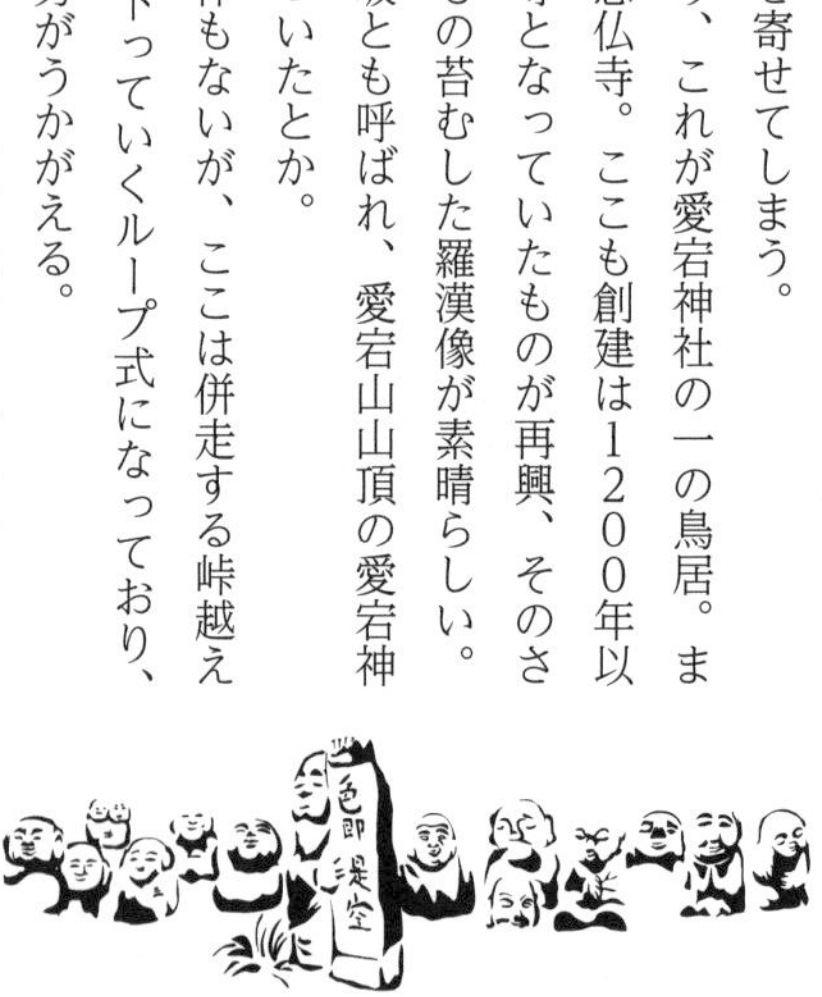

嵯峨鳥居本の静かな街並み。室町末期に農林業や漁業の集落として開け、江戸時代には愛宕神社の門前町として発展、明治以降は町家や茶屋などが増えていった。今も湯豆腐やわらび餅の幟が立つ

どこに進路を取るかといえば、眼前に流れる清滝川沿いを下って保津峡を目指すことにする。保津峡まで行けば嵯峨野観光鉄道のトロッコ保津峡駅がある。つまりトロッコ列車に乗って嵐山まで戻れる算段だ。

清滝川沿いの遊歩道はしっかり整備され、ときどき川原でピクニックを楽しむグループにも遭遇する。また、シーズン中はアマゴを始めとする渓流釣り場としても賑わうようで、あちこちに入漁券に関する案内が掲げられている。

そんななかアップダウンを繰り返しながら歩いていけば、道は舗装路に突きあたり、清滝川は桂川に合流する。桂川を

渡る人道橋が見えてくれば、そこがトロッコ保津峡駅だ。この橋は駅に向かう人専用の橋で、なんだかぜいたくな気分。

駅に着いたところで時計を見れば、自分が乗る列車時刻までまだ1時間近くある。実はこの嵯峨野観光鉄道、席は全席予約制。もちろん空席があればその場で指定券の購入も可能らしいが、山中の無人駅で1時間に1本程度の鉄道にいつになっても乗れない不安から、あらかじめ指定券を押さえておいた。

列車が来るまで、橋の上でなにをするでもなく時をすごす。眼下には保津峡の川下りを楽しむ船がときどき現れては去っていく。たまにはこんな時間の過ごし

愛宕山の登山口である清滝からは、清滝川沿いに下ってトロッコ保津峡駅を目指す。清滝川は美しい清流が維持され、ゲンジボタルやオオサンショウウオが棲息することでも知られている

無人のトロッコ保津峡駅でしばしの待ち合わせののち、トロッコ列車がやってきた。嵯峨野観光鉄道は、1989(平成元)年、複線化で廃止になった山陰本線の旧線を観光鉄道に転用して誕生したものだ

かたも悪くない。ほどなくやって来たトロッコに乗り込んだとき、すでに乗っている観光客に「この人、どうやってここまで来たんだろう」と奇異の目で見られたのは少し恥ずかしかったけれど。

DATA

⦿モデルプラン：JR嵯峨嵐山駅→渡月橋→嵯峨鳥居本→あだし野念仏寺→愛宕念仏寺→試峠→清滝→嵯峨野観光鉄道トロッコ保津峡駅→嵯峨野観光鉄道トロッコ嵯峨駅
⦿歩行距離：約7km
⦿歩行時間：約3時間
⦿アクセス：起点の嵯峨嵐山駅へは京都駅から山陰本線で約11分。終点のトロッコ嵯峨駅からは嵯峨嵐山駅まで歩き、そこから京都駅へ
⦿立ち寄りスポット情報：あだし野念仏寺＝京都市右京区嵯峨鳥居本化野町17。✆075-861-2221。9:00～16:30(1～2、12月は～15:30)。一般500円。愛宕念仏寺＝京都市右京区嵯峨鳥居本深谷町2-5。✆075-285-1549。8:00～16:30。一般300円。嵯峨野観光鉄道＝京都市右京区嵯峨天竜寺車道町。✆075-861-7444。一般630円

生駒ケーブルカーと暗峠

いこまけーぶるかーと くらがりとうげ

奈良県 大阪府

最古にして奇抜なケーブルカーに乗り、石畳の峠道を目指す

生駒ケーブルについては、以前からいろいろ耳にしていた。生駒山山腹にある宝山寺詣でのために敷設された、日本最古のケーブルカーだということ。後に宝山寺から山頂へも新たにケーブルカーを敷設したことで、二系統を乗り継ぐという珍しいケーブルカーだということ。さらにはケーブルカーのデザイン自体がかなり奇抜だということ。これだけ条件がそろえば、乗り物好きとしては放ってはおけぬ。さっそく生駒山山頂を目指して、というよりは生駒ケーブルカーに乗るために近鉄生駒駅に向かった。

生駒駅の改札を出てアーケードを抜けると、そこがケーブルカーの鳥居前駅。構内に入れば当然ケーブルカーが待機しているのだが、そのデザインが噂通りの衝撃だ。全体が猫を模していて、正面が猫の顔になっている。ふたつの巨大な目が並び、それが窓だ。おま

けに目のまわりにはチカチカと電飾が明滅しており、派手なことこのうえない。ちなみにこの猫の表情は、生駒山からの絶景を双眼鏡で眺めているさまを表しているそうで、ケーブルカーの名前はずばりミケ号。単純に宝山寺参拝のために乗ろうとしたら、度肝を抜かれるのではないか。イイ大人がひとりで乗車するのはやや気恥ずかしいが、次々に乗ってくる子どもたちは大喜びだ。

ミケ号は定刻に発車。次第に標高を上げていくなか、周囲は住宅街が続く。生駒山の山麓はかなり上まで宅地化が進んでおり、このケーブルカーはそんな住宅街を抜けるという、これまた珍しい特徴

圧倒的な個性を放つ生駒ケーブルカーの車輌たち。ミケ号(写真上)は三毛猫がモチーフで、スイーツ号(写真左)はケーキをデザイン。座席のモケット生地にも図案がプリントされる徹底ぶりだ

も持っているのだ。実際、時間帯によっては通勤通学にも使われているという。ちなみに途中ですれ違った対向車輌の姿はイヌ。名前はブル号らしい。

ケーブルカーはやがて宝山寺駅に到着し、そこで山頂行きケーブルカーに乗り継ぐのだが、ここで登場した車輌もまた凄まじかった。こちらは全面にデコレーションケーキのような装飾が施されており、運転席の上部にはラッパを吹く2体の天使があしらわれている。先ほどのネコやイヌの車輌化に対し、こちらは無生物の車輌化だ。ちなみに名前はスイーツ号。もうひとつの相方は、音符を車輌化したドレミ号だそうだ。まるで不思議時空に引きずり込まれそうな状況に、山頂に着く前にもうおなかがいっぱいである。

辿りついた山上駅前に広がっているのは、生駒山上遊園地と呼ばれる遊園地だった。1929（昭和4）年に開園した歴史ある遊園地で、入場料は今どきなんと無料。アトラクションに乗ると

きだけ料金を払うシステムだ。とりあえず園内にある生駒山の一等三角点を目指してみると、それがあったのはミニSLのコース内。たとえミニSLに乗ったとしても、それに手をふれるのは難しそうだ。生駒山の三角点は富士山のそれよりも遠いのか。

ここからようやく徒歩旅行開始である。生駒山は大阪府と奈良県の県境になっており、県境沿いに縦走路が続いているのだ。そしてこの登山道を小一時間南下すると辿りつくのが暗峠。暗峠は古くから大阪と奈良を結んだ峠道で、峠周辺には今も石畳が残っている。石畳の国道というのは全国でここだけだそうで、ぜひとも歩いてみたい。

生駒山山頂の様子から、縦走路もしっかり舗装された遊歩道のようなものを想像していたところ、こちらは意外にも普通の登山道だ。併走する信貴生駒スカイラインという有料自動車道がちょっと気になるが、このときはほとんどクルマの往来はなかった。樹林帯のなかをグイグイと標高を落とし、瓦屋根が連なる小さな

生駒山上遊園地ではさまざまなアトラクションを楽しめる。絶景を眼下に自分で漕ぐモノレールは一見のどかだが、実際に乗ったらちょっと怖そう。ここには戦災を免れた日本最古の飛行塔もある

集落が現れたと思ったら、そこが暗峠だった。道幅は想像したよりも狭く、すれ違いも大変だろう。足下は石畳なので通過するクルマもボンボン跳ねながら走っており、とくにバイクの跳ねっぷりは相当だ。それでもあえてこの峠を越えようとするということは、みんな、好きなのね。

暗峠という名前の由来は、かつて峠付近は樹木に覆われて常に暗かったからとも、峠の地形が鞍のようだったことから転じたともいわれている。ここには昔ながらの茶屋もあるので、まずは一服。さてどう歩こう。

暗峠からそのまま街道を下っていくのもいいが、茶屋から眺める風景はけっこ

生駒山上遊園地から暗峠を目指す道は、想像以上にちゃんとした?登山道だった。近郊の山歩きコースとして、多くのハイカーに親しまれている。樹木が強い日差しをさえぎってくれるのが助かった

今も石畳の国道が延びる暗峠。大阪と奈良を結ぶいくつかの峠のなかでも、暗峠は総距離34kmと最短の峠越えだった。峠には今も茶屋が営業しており、峠越えの人々にとってよき休憩所になっている

うクルマやバイクの往来も多く、狭い道幅ではなかなか忙しなさそうだ。ならば尾根道をあと30分ほど南下し、こちらも奈良と大阪を結ぶ鳴川峠まで歩いて、そこから鳴川沿いの登山道を下って東大阪に抜けることにして、茶屋の席を立った。

DATA

⦿モデルプラン：近鉄生駒駅→生駒ケーブル鳥居前駅→宝山寺駅→生駒山上駅→暗峠→鳴川峠→近鉄瓢箪山駅
⦿歩行距離：約7km
⦿歩行時間：約3時間
⦿アクセス：起点の生駒駅へは大阪難波駅から近鉄奈良線で約20分。終点の瓢箪山駅からは近鉄奈良線で大阪難波駅まで約20分
⦿立ち寄りスポット情報：生駒鋼索線（生駒ケーブル）＝生駒市門前町10-1（宝山寺駅）。☏0743-73-2121。一般500円（鳥居前駅～生駒山上駅）
生駒山上遊園地＝生駒市菜畑2312-1。☏0743-74-2173。10:00～17:00。木（祝日のぞく）休、9月1日～3日。12月1日～3月12日休

けーぶるかーとろーぷうぇいでひえいざんおうだん

ケーブルカーとロープウェイで比叡山横断

さまざまな乗り物を乗り継いで、比叡山を縦横無尽に旅する

京都府
滋賀県

「ヒエイザンノエンリャクジ、コウヤサンノコンゴウブジ」

小学校だか中学生だかの歴史の授業で、呪文のように覚えさせられたお寺の名前が延暦寺と金剛峯寺。今から思うと、歴史に登場する多くの地名は聞き慣れぬ関西方面が多く、読みかたすら四苦八苦。それにくらべると関西の子は身近にたくさん実在し、歴史を憶えるのもいくらか容易だったのではないだろうか。今回はそんな記憶の奥底にすり込まれたお寺のひとつ、延暦寺を訪ねてみる。

延暦寺へのアクセスはなかなか素敵だ。京都御所にもほど近い出町柳駅から、叡山電鉄に乗ってまずは八瀬比叡山口駅へ。そこからはケーブルカーとロープウェイを乗り継いで比叡山の山頂を目指す。ちなみにこのケーブルカーの開業は１９２５（大正14）年とまも

なく創業100年を迎え、561mという標高差は国内最大でもある。

ロープウェイで到着するのは比叡山頂駅だが、駅前にはあまり山頂感はない。売店の女性に三角点の場所を尋ねてみると、眼前に見える小ピークがそれらしい。せっかくなのでまずは標高848m、大比叡と呼ばれる山頂へ。

比叡山延暦寺の広さは約1700ヘクタールと広大で、この大きさは東京ドームの、いや関西なので甲子園球場でくらべるとなんと約440倍。広すぎて逆にピンとこない。境内は大きく分けて東塔《とうどう》、西塔《さいとう》、そして横川《よかわ》という三つのエリアに区分される。このうち山頂から一番近いのは東塔だ。頂上から東へ延びる登山道を辿ると遠くから鐘の音が響いてきて、やがて樹間から荘厳な建物が姿を現した。

東塔には大講堂や阿弥陀堂など歴史的建造物が数あるが、なかでも根本中堂は延暦寺にとって第一の仏堂だ。このときは2016（平成28）年から始まった大改修の真っ最中で、残念ながら建物全体が要塞よろしく保安壁で完全に覆われていた。しかし拝観用コースは確保されており、おかげで788（延暦7）年から今日に至るまで、1200年間一度も絶えることなく灯され続けている「不滅の法灯」もしっかりまぶたに焼きつけることができた。ちなみに大改修を終えるのは2026年3月だそうだ。

東塔からは登山道を辿って西塔へ。ここにある浄土院は延暦寺を開いた最澄の御廟所で、比叡山のなかでも最も清浄な場所とされている。浄土院を守る僧侶は「侍真《じしん》」と呼ばれ、一度お勤めに入ると12年間は山を下りないという厳しい修行に励む。

西塔からは横川へ向かう。東塔で尋ねてみると、「横川？　遠いよ。1時間半はかかるかなー」とのこと。それくらいなら徒歩旅行にとっては絶好だ。頂上に辿りつくまで乗り物ばかり利用してきたので、願ったり叶ったりである。

そしてこの道がよかった。東塔から西塔までの道が林道風だったのに対し、こ

比叡山の根本中堂は、現在大改修のさなかで外観を拝むことができない。しかし内部の拝観は可能で、これによって逆に、今しか見ることのできない改修中の各部構造を目の当たりにできて興味深い

浄土院は最澄の御廟所。822(弘仁13)年に入寂した最澄を安置、侍真と呼ばれる僧侶たちが現在も生前同様に食事を給仕し続けている。ここが東塔地域と西塔地域の境目にあたる

ちらは完全な登山道。尾根沿いも多く、気分はもう千日回峰行である。路傍にはところどころに苔むした石仏が点在し、いやがうえにも気分は盛り上がる。道は整備されているものの、すれ違う人は少ない。縫うように奥比叡ドライブウェイと呼ばれる自動車専用道が併走し、ときおりクルマの音が聞こえるものの、それ以外は静寂そのものである。そもそも境内に自動車専用道が通っているというだけで一般のお寺とはスケールが違う。そして開祖である最澄をはじめ、親鸞や道元、日蓮、円仁など、仏教界のオールスターがみんなここで修業をしたことを考えれば、延暦寺がまさに日本仏教の母山

と呼ばれるのもさもありなんである。

ほどなくして細道の先に開けた駐車スペースが見えてくると、そこが横川だった。横川には円仁にゆかりのある横川中堂や、おみくじの創始者で知られる「おびんずる様」こと元三大師良源信仰の中心拠点となっている元三大師堂などもある。

東塔から横川まで歩いてきて、ここまで来たらいっそ滋賀県側の門前町である坂本まで歩いてしまおうかとも考えたのだが、聞けば横川から坂本までは徒歩で2時間近くかかるらしい。時間は午後3時半とあって日暮れとの競争になりそうだ。秋の日は釣瓶落とし。お寺で遭難騒

西塔からは、「元三大師道」と呼ばれる山道を歩いて横川へ至ることができる。尾根伝いに続くこの道には、あちこちに古い石仏が並び趣深い。回峰行者もこの道を辿って修行に励むそうだ

ぎはさすがに笑えない。ここは無理をせず、境内を走るシャトルバスでケーブル延暦寺駅へ。そこからケーブルカーに乗って、琵琶湖を望みながら坂本へ下ることにしよう。

京都側からは叡山ケーブル(写真上)を利用して比叡山に入り、途中で叡山ロープウェイに乗り継ぐ。下山時はケーブル延暦寺駅から坂本ケーブル(写真下)で、琵琶湖にも近いケーブル坂本駅へ下る

DATA

⊙モデルプラン：叡山電鉄八瀬比叡山口駅→ケーブル八瀬駅→ケーブル比叡駅→ロープ比叡駅→比叡山頂駅→大比叡→東塔→西塔→横川→比叡山鉄道ケーブル延暦寺駅→比叡山鉄道ケーブル坂本駅

⊙歩行距離：約8km

⊙歩行時間：約3時間半

⊙アクセス：起点の八瀬比叡山口駅へは出町柳駅から叡山電鉄叡山本線で約15分。終点のケーブル坂本駅からは歩いてJR比叡山坂本駅へ。そこから湖西線で京都駅まで約15分

⊙立ち寄りスポット情報：叡山ケーブル・ロープウェイ＝京都市左京区上高野東山。✆075-781-4338。叡山ケーブル一般550円。叡山ロープウェイ一般350円。比叡山鉄道(坂本ケーブル)＝大津市坂本本町4244。✆077-578-0531。一般870円。比叡山延暦寺＝大津市坂本本町4220。✆077-578-0001。巡拝時間は地区ごとに異なる。東塔・西塔・横川共通巡拝券一般1000円。比叡山内シャトルバス＝✆075-581-7189(京阪バス)、075-861-2105(京都バス)。横川～比叡山頂間一般800円

摩耶ケーブルと有馬温泉

まやけーぶるとありまおんせん

兵庫県

瀟洒な港町から六甲山を越え、日本三大古湯のひとつへ

大阪と神戸間を移動するときに、いつも車窓から目に入るのが六甲山だ。しかし関西を訪れることはあっても、ついでに山歩きも、とまではなかなかいけない。都市近郊の山といえば東京にも丹沢や奥多摩があるが、六甲山はどうもそれらとは様子も違うようだ。そこはかとなくおしゃれ感も漂い、気後れを感じたりもするが、まあそこはおじさんの無神経さで歩いてみよう。

起点となるのはJRの灘駅。ここから摩耶ケーブルカーの駅まで歩く。実は三宮駅からのバスもあるのだけれど、酒どころで知られる灘も一度は歩いてみたかったのだ。駅からはとりあえず六甲山方面を目指す。途中、動物園もある王子公園を縦断するように抜けると周囲はだんだん閑静な住宅街になり、その先に摩耶ケーブル駅はあった。ここからまず

灘の住宅街の奥に位置する摩耶ケーブル駅。標高451mにある虹の駅まで、ケーブルカーでグイグイと登っていく。虹の駅からは摩耶ロープウェイに乗り継いで、摩耶山の山頂に近い星の駅へ

はケーブルカーに乗り、312mの標高差を5分かけて虹の駅へ上がり、そこからはロープウェイに乗り継いで山上にある星の駅へ。

発車までの時間、運転士がケーブルカーにホースで水をかけて掃除している。なんだか休日にマイカーを磨くお父さんのようでホノボノする。乗客は僕と年配のおじさんのみ。見知らぬおじさんふたりが狭い密室にいるというのはちょっと不思議な状況だ。

ケーブルカーは最大勾配29度を力強く登っていき、まもなく虹の駅に到着。ここからはロープウェイへ乗り継ぐが、その手前、駅を出てすぐのところ

（下写真）摩耶ロープウェイの車窓から海側を見渡せば、港町・神戸から大阪湾にかけてのパノラマが一望だ。足元の樹林のなかにひっそり佇むのは、「廃墟の女王」の異名を持つ摩耶観光ホテル

に現在は通行止めになっている道がある。これはかつて営業していた摩耶観光ホテルへの道なのだ。摩耶観光ホテルは1929（昭和４）年に開業したホテルで、1967（昭和42）年に台風被害などで営業を終えてからは六甲山中でひっそりと朽ちゆく廃墟ホテルとして、廃墟マニアの間では垂涎の的。アールデコ調の建築様式もあって、敬意を込めて『廃墟の女王』なんて呼ばれかたもしている。

しかし次第に老朽化が激しくなり、崩壊の危険もあることから立ち入り禁止に。現在は定期的に催行されるガイドツアーでしか近寄ることはできない。のだが、近々に登録有形文化財に指定されるそう

で、そうなれば再整備されて再び日の目を見るときも来るのではないだろうか。これで廃墟マニアも大喜びかと思えば、そうなるとそれはそれで「なんか違うなー」という意見もあるようで、ことほどさようにマニアの心理というものは複雑である。ちなみに摩耶観光ホテルの外観は、乗り継いだロープウェイの車窓からも拝むことができた。

ロープウェイを降りると広がっているのが掬星台《きくせいだい》と呼ばれる展望地で、ここからは大阪から神戸にかけての風景が一望だ。海の向こうには淡路島。その向こうにうっすら見えるのは四国か。いやまさに絶景。六甲山は標高１０００ｍに満たないが、足下すぐが海岸線なのでその標高差が魅力。海沿いに広がる都市の様子は、夜景で眺めたらさぞかし美しいことだろう。

掬星台からは尾根沿いを東へ向かう。尾根といっても県道が抜けているほか、登山道も整備されていて、好みに応じてさまざまなルートを選ぶことができる。今回はあえていろいろな道を織り交ぜて歩いてみたが、なかにはクマザサが茂った不明瞭な道もあったりして、このへんが至便であるがゆえに遭難も多い六甲山、なのかもしれない。

県道には路線バスや郵便集配車も走り、いわゆる山歩きという感覚とは異なる。家庭ゴミの集積所もあるし、ときには「六甲山町会」と書かれた掲示板も掲げられていたりもす

る。山とはいえ、人の日常生活がある町でもあるのだった。

別荘地や企業の保養所を抜け、道はやがて六甲有馬ロープウェイの駅へ。これに乗れば六甲山の北に位置する有馬温泉まで12分の距離だ。しかしそうなると登りも下りも歩かないことになり、妙な罪悪感が芽生えてしまう。しかも有馬温泉といえば、日本三大古湯にも数えられる歴史ある温泉だ。日本書紀にも記述があるそうで、豊臣秀吉がこよなく愛したとも聞く。そんな温泉へのアプローチとしては、ちゃんと歩いて下山すべきではないか。そんなヘンな義侠心が湧いてしまい、歩いての下山を選択。地図によれば

路線バスも走る県道、ゴツゴツした岩の道の急登、薮が多く道筋が不明瞭な細道。六甲山にはさまざまな道が入り組んでいる。写真は六甲山山頂直下の快適な小径。海側の展望が開ける

有馬温泉には昔ながらの温泉街が今も残っている。中心には有馬温泉を守護する湯泉神社が鎮座。関西では「ありまひょうえの～」というテレビコマーシャルでもおなじみだ

ほぼ下り基調で、時間にしても2時間弱。楽勝じゃろうと登山道に足を踏み入れる。
　このルートの終盤で登山道が工事により通行止め。迂回するために最後の最後で激しい登り返しを強いられることは、もちろんこの時点では知る由もなかった。

DATA

⊙モデルプラン：JR灘駅→摩耶ケーブル駅→虹の駅→星の駅→掬星台→ロープウェイ六甲山頂駅→神戸電鉄有馬温泉駅
⊙歩行距離：約12km
⊙歩行時間：約4時間
⊙アクセス：起点の灘駅へはJR東海道本線三ノ宮駅より約3分。終点の有馬温泉駅からは神戸電鉄有馬線、神戸市営電鉄を乗り継いで三宮駅まで約35分
⊙立ち寄りスポット情報：摩耶ケーブル（まやビューライン）＝神戸市灘区摩耶山町2-2。☎078-861-2998。ケーブル一般450円。ロープウェイ一般450円。六甲有馬ロープウェイ＝神戸市灘区六甲山町北六甲4512-336。☎078-891-0031。一般1030円

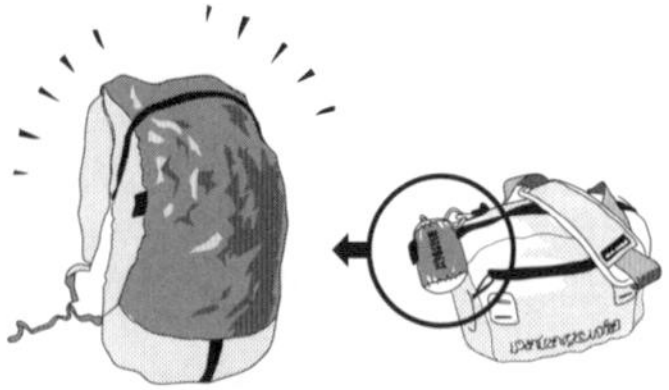

半日徒歩旅行の心得②

徒歩旅行のリュックとバッグ

徒歩旅行ではリュックサックを愛用してきた。両手が空いて快適なのだが、これにも弱点がある。ひとつはなにかを出すときに、いちいちリュックを下ろさないとならないこと。もうひとつは背中が汗で蒸れること。暑い季節には、背中もリュックも汗でベタベタになってしまい不快だ。

そこで最近はたすき掛けに背負えるバッグを使うことが増えている。背負っているときの安定感、背負いやすさはリュックに劣るが、背負ったままバッグ本体を背中側からお腹側にスライド、背負ったまま、歩いたままバッグの中身にアクセスできるのがいい。行動中はいっさいバッグを下ろす必要がなくなるのだ。前後にずらせるので、密着面が蒸れにくいという効果もある。

ただしリュックにくらべると、容量的にはややもの足りない。詰めこめば必要なものはなんとか収まるものの、途中で暑くなって脱いだジャケットや、現地でお土産を買ったときに収納スペースが足りなくなるのだ。

そこでこのバッグを使うときには、小さな小さな、折りたたみ式のエコバッグならぬエコリュックをサイドにぶら下げることにしている。収納時にはゲンコツよりもコンパクトで超軽量。広げればデイパックほどの大きさに。必要最低限の超シンプルな構造なので、これをメインに背負って一日歩くといったことには向かないだろうが、いざというときに容量増を図るバックアップとしてはオススメだ。

第3章 島を目指す徒歩旅行

淡水に浮かぶ有人島、多島海に佇む島、
そして人間自身が造り上げた島
そんな島々の物語に会いにいこう。

琵琶湖北部に位置する竹生島にて。島をひと巡りしたあとに石段を下りながら湖に目を向ける。足元の船着き場には、今津や長浜、彦根など、さまざまな湖畔の町から船がやってくる

沖島《おきしま》

日本で唯一、淡水に浮かぶ有人島の暮らしと自然に出会う

滋賀県

沖島は琵琶湖に浮かぶ面積1・5平方kmほどの小さな島だ。島が好きで、北は利尻島から南は波照間島まで、日本中のさまざまな島を歩いてまわったが、淡水上の有人島というのは初めて。沖島は日本で唯一、湖の上に人々が暮らす島なのだ。

沖島へは近江八幡の堀切港から10分の船旅。堀切港と沖島港間の距離は約3km。一番近い湖畔とはわずか1kmしか離れていない。休日ということもあってか観光客も多く、定員50名の船はほぼ満席で沖島に到着した。

まずは集落内をぶらりと散策してみる。沖島は山がちで、島の南側に延びるわずかな平地に家々が建ち並んでいる。軒先を抜ける道はクルマも入れない細さで、というかそもそも沖島には自動車は存在しない。もっぱら島民の足となって活躍しているのは三輪自転車

沖島に平地は少ない。限られた場所に横並びするように家が続き、その狭間の細道を地元のおばちゃんたちが三輪自転車で快走している。軒先には籠などの漁具がたくさん置かれていた

だ。島のおばちゃんたちは皆これにまたがって、狭い路地を器用に走り回っている。後輪が並ぶ部分にはカゴやら鮮魚用のトロ箱やらを取りつけてカスタマイズしているのもカッコよく、すれ違いざまに挨拶すれば、笑顔で「はい、こんにちはー」と応えてくれる。

軒並みを抜けるとその先にあったのが沖島小学校。2021（令和3）年に創立128周年を迎えたこの小学校には、島外から毎日船に乗って通学してくる児童もいるそうだ。

沖島小学校から先は、南岸沿いに弁財天へ至る遊歩道が延びる。歩きながら琵琶湖を望めば、日差しを反射した湖面が

キラキラと輝いて美しい。そんななかをいくつかの小舟がシルエットとなって見えるのは、バスフィッシング用ボートだろうか。

弁財天への階段を登り、お参りをすませて振り返ると、目の前には近江八幡の山々が近い。この景色を眺めているうちに登山欲が刺激されてしまい、当初は予定になかった沖島の最高峰である尾山に登ってみることにする。最高峰といっても標高はわずかに220m。たいしたことなかろうとタカをくくっていたが、湖畔から一気の急登はなかなか汗をかかされた。

辿りついた山頂には小さな山名標と三角点が立つのみ。周囲は薮に覆われている。しかしそこから尾根沿いの登山道を西へしばらく下っていくと、「ホオジロ広場」という展望地が開けていた。

弁財天からは島の南を展望できたのに対し、ここからは北側の雄大な風景を一望できる。琵琶湖の向こうに見えるのは湖西の高島あたりだろうか。奥に広がる山々は滋賀県と福井県を分かつ野坂山地で、その向こうはすぐ日本海だろう。琵琶湖と日本海は想像するよりずっと近そうだ。

ホオジロ広場からは指導標にしたがって標高を下げていくと、来るときに立ち寄った小

沖島では湖産の魚介を使った料理が売られていた。「エビ豆」はスジエビと大豆を甘辛く煮たもの（写真上）。ビワマスにワカサギ、ウロリ（ヨシノボリの稚魚）などが使われたお弁当（写真左）

学校の裏手にポンと降り立った。ここにこんな道があったとは、さっきはちっとも気がつかなかった。

再び集落に戻ってきたところでお昼ご飯だ。港には沖島漁師の奥さんたちが運営する「湖島婦貴《ことぶき》の会」があり、そこでは食事ができるほか、事前に予約しておけば湖産の魚をふんだんに使ったお弁当も用意してくれる。当然、僕も到着直後にお願いをしておいたのだった。

お茶と一緒に運ばれてきたお弁当には、ビワマスや稚鮎、小エビやゴリを使ったおかずがいくつも盛られて立派だ。琵琶湖を眺めながら湖産の魚介を使ったお弁当をいただくという旅のぜいたくに、お腹も心も満たされる。

　僕と一緒に午前中の便で来島した人は、ほとんどが正午の便で帰ってしまったようで、港のまわりは静かなものだ。港内に繋留されている漁船の甲板では、漁師とそのお孫さんだろうか、チビッコがなかなか見事な竿さばきで釣りを楽しんでいる。

　そんな光景をのんびり眺められるのも、帰路の船を午後2時便にしておいたおかげだ。堀切港からもすぐにバスが接続しているしと、バス時刻を確認して衝撃が走る。2時の便に接続するバスがあるのは平日だけじゃないか！　今日は土曜日！　次のバスはなんと2時間後か。だ

沖島港でおじいちゃんと一緒に船上から釣りを楽しむ子ども。まだ小さいのに、リールを使って見事にキャストしていた。この歳から仕込まれれば、立派な琵琶湖漁師になれるというものだろう

からみんな正午の便で帰ったのね。最後の最後に大いなるダンドリ失敗が待っていたのだった。トホホ。

近江八幡へ戻るお昼の船を見送る。次の午後2時の便で帰ろうとノンビリ島の昼下がりを散歩していたところ、このあと重大なミステイクに気がついてしまった。長い一日になりそうだ……

DATA

⦿モデルプラン：JR近江八幡駅→堀切港→沖島港→沖島小学校→弁財天→尾山→ホオジロ広場→沖島港→堀切港→近江八幡駅

⦿歩行距離：約4.5km

⦿歩行時間：約2時間

⦿アクセス：起終点の近江八幡駅へは京都駅から東海道本線で約45分。そこから堀切港へはバスで約32分。堀切港から沖島港へは船で約10分

⦿立ち寄りスポット情報：沖島通船＝近江八幡市沖島町268-1沖島コミュニティセンター。☎0748-33-9779。一般500円。湖島婦貴の会（沖島漁協婦人部）＝近江八幡市沖島町43。☎0748-47-8787

家島諸島《いえしましょとう》

採石の島と漁業の島、姫路沖をアイランド・ホッピング

兵庫県

手軽に瀬戸内海の島々を旅できないものかと、地図を眺めていたところに浮かんできたのが家島諸島だ。姫路から定期船で30分ほどの距離にある島々。島数は44もあるが、実際に人が暮らしているのは四つのみ。ほかはすべて無人島だ。島が少ない関東地方からみると、なんだかもったいない気もするが、瀬戸内海全体では７００以上も島があるとなると、小さすぎたり、水源がなかったりする島にあえて住む理由もないのだろう。これらの島々のうちの家島と坊勢《ぼうぜ》島を舞台に、小さなアイランド・ホッピングを楽しんでみよう。

姫路港を出航した船は播磨灘を南下していく。海面は鏡のように穏やかだ。途中左手に、激しく切り崩された白い岩肌を見せる島が現れた。あれが有人四島のひとつ、男鹿《たんが》島だろう。この島は良質な花崗岩を産出することから、江戸時代より大規模な採石が行われてお

り、今日ではもともとどんなかたちの島だったのか想像するのも難しい。
船はやがて家島の真浦港に到着。桟橋から集落に入ると、いきなり海際に5～6階はあろうかというビルが建ち並んでいて驚く。規模こそ違えど小さな島にビルが密集する光景に、香港島を思い出してしまった。聞けばこれはどれも男鹿島の採石で財を成した人たちが建てたものらしい。採石された花崗岩は、大阪や神戸の港湾工事に用いられることが多かったそうで、なるほど産地から消費地まで至近とあって重宝されるだろう。
真浦では「どんがめっさん」と呼ばれる奇岩を見物する。これは漁に出た主人

（上写真）家島の真浦港にはビルが建ち並んでいて驚いた。島で出会ったおじさんの話によれば、これらのビルは採石業の賜物なのだとか。島といってもさまざまな生業があるものだと、あらためて納得

家島にはとにかくミニバイクがたくさん走っていた。面積5.4平方kmほどで、車道も決して広いわけではないこの島では、クルマよりもこちらのほうがかえって使い勝手がいいのかもしれない

の帰りを待ちわびた亀が石になってしまったという伝説を持つ石で、全体のフォルムはともかく、顔の目元口元あたりはたしかに亀によく似ている。ちなみにこの岩を囲む玉垣にはどれも名前が彫られているが、「のぶ」さんや「さわ」さんといった女性名ばかり。これには漁へ出た夫の無事を祈る妻たちの思いが込められているのだとか。

　真浦から島にあるもうひとつの集落、宮に向かって歩いていく。真浦から宮へは直線距離にすると６００ｍほどなのだが、途中に深く切れ込んだ入り江があるので歩くと２㎞弱だ。海際の道を歩いてまず思ったのが、島内でのミニバイク利

坊勢島では、あちこちの軒先でカレイが干されていた。干ガレイの出汁は天下一品だそうで、ぜひとも味わってみたいと思っていたところ、幸運にも港でこれを使ったラーメンに遭遇できた

用率が非常に高いということ。老いも若きも男も女も、道行く島民はほとんどミニバイクに乗っている。そういえば真浦港にもミニバイクがたくさん並んでいて、てっきりレンタル用かと思っていたが、あれは所用で姫路へ向かった島民のものだったのかもしれない。

宮集落に入ると、主要道と併走するように小径が続いており、昔の島の様子を彷彿とさせる。ここにはかつて姫路藩が本陣として使用した屋敷があったそうで、あの伊能忠敬も測量の際に宿泊したそうだ。

小径から海辺へ出ると、複雑な形をした鉄塊が並んでいるのに出くわした。ま

坊勢島の港には立派な漁船が何隻も並んでいた。聞くところによると、この島は一漁港あたりの動力漁船の登録数が日本でもトップクラスなのだとか。イワシやサバの畜養も盛んだ

るでクレーンゲームの先についている爪の超巨大版だ。のどかな島にはちょっと違和感のある風景だが、採石に使うガット船のパーツなのだろう。やはりここは採石の島なのだ。

宮集落から島を縦断する形で南の網手《あで》を目指す。網手からは隣の坊勢島行きの渡し船が出ているのだ。これに乗って島を渡ってこそのアイランド・ホッピングである。

網手の待合所で、坊勢島へ帰るおじさんと一緒になった。彼によると家島が採石の島なのに対し、坊勢島は漁業で生計を立てる島とのこと。その漁獲高は兵庫県内でも一、二を争うそうで、一時は超裕福島として話題にもなったそうだ。坊勢島に着いてみれば、たしかに港には立派な漁船がズラリと並び、どの船も船首には金泥を用いた意匠を凝らしてあるのがシブイ。これらの船が島からいっせいに漁へと向かう光景は壮観だろう。

先ほどのおじさんに話によると、島では坊勢サバや坊勢カニなどがブランドになっているが、そんななか意外だったのがイワシ。ここで獲れるイワシは市場に出すのではなく、遠洋カツオ漁に向かう船がエサ用の活イワシとして買いに寄るのだとか。坊勢島のイワシは遠い海まで運んでも活きがいいと評判なのだそうだ。

そんな島を半周歩いたところで遅いお昼をいただく。港の食堂にあった「坊勢ラーメン」というのを迷うことなく注文。これは干しガレイで出汁を取った醤油ラーメンで、なんと

も上品なスープが印象に残る一杯だった。
さあ、お腹も満たされたし、姫路へ戻るとしよう。坊勢島からは姫路まで直行の連絡船が運航されているというダンドリのよさなのだった。

DATA

⦿モデルプラン：JR姫路駅→姫路港→家島真浦港→宮集落→家島網手港→坊勢島→姫路港→姫路駅
⦿歩行距離：約6km
⦿歩行時間：約2時間
⦿アクセス：起終点の姫路駅へはJR神戸駅から山陽本線新快速で約40分。姫路駅から姫路港へはバスで約20分。姫路港から真浦港へは船で約30分。網手港から坊勢島へは船で10分。坊勢島から姫路港へは船で約35分
⦿立ち寄りスポット情報：高速いえしま＝姫路市家島町真浦571。☏079-325-0280。姫路港～家島真浦港一般1000円。坊勢渡船＝姫路市家島町坊勢694-83。☏079-326-0559。一般320円。坊勢輝汽船＝姫路市飾磨区須加294。☏079-234-1138。坊勢島～姫路港一般1000円

大阪湾の人工群島《おおさかわんのじんこうぐんとう》

バブル期に誕生した大阪湾の人工島の現在を見に行く

大阪府

バブル経済華やかなりし１９８０年台後半、大阪では『テクノポート大阪』と呼ばれる湾岸開発が実行されて三つの人工島が誕生した。舞洲《まいしま》、夢洲《ゆめしま》、咲洲《さきしま》と呼ばれるそれらの島は、現在どうなっているのだろうか。そんな疑問をもとに大阪港の島を巡る旅に出た。

ＪＲ桜島線の車内はカップルや家族連れで賑わっていた。路線上にＵＳＪがあることを考えればもっともで、案の定、彼らはみなユニバーサルシティ駅で下車。終点の桜島駅まで行く人間なんて自分くらいかと思ったが、意外にも乗り続けている人も多い。しかもその多くは単独の若者たちだ。いったい桜島駅になにがあるのか疑問を感じつつ、駅の改札を抜けて疑問は解消。そこにはＵＳＪの従業員専用入口があったのだった。

彼らとはそこでたもとを分かち（当たり前だ）、まずは舞洲を目指す。町の空には幾重

もの車道が交差して、ちょっとした近未来風景だ。舞洲へはそのうちのひとつ、此花《このはな》大橋を渡るのだが、あんな高い場所までどうやって上がるのかと疑問を抱きつつ歩いていくと、やがて前方に大きく何重にも螺旋を描いて上空へ向かう歩行者用スロープが現れた。

スロープをぐるぐる回りながらようやく橋上に到着。車道には自動車が行き交い、反対側へ目を向ければ大阪港が見渡せる。そして前方には舞洲。舞洲は、もともとは廃棄物の埋め立て地だった。その後、各種スポーツ競技施設が作られ、2008年には大阪オリンピックの会場候補地となったが落選。現在はプロチー

(上写真)頭上高くに架かっている此花大橋にどうやって登るのだろうと思ったら、こんな幾重にも回るループ式の歩行者専用道が現れた。なんだかアトラクションみたいだが、地元の人は当たり前のように利用

ムの練習場などに利用されている。

しかしこの島で最も目を最も奪うものといえば、2001年に完成した大阪市環境局の舞洲工場。オーストリアの画家にして建築家、フンデルトヴァッサーによって設計されたこの建物には、直線過多の近代建築に異を唱える彼の作風が如実に表現されており、鮮やかな色使い、多用される曲線、そして植物との混在など、その姿にしばし呆然としてしまう。此花大橋の上から遠望したときにはどこかイスラム建築のようにも見え、近づいて眺めるとSFに登場する宇宙基地のようで、直近で細部を観察すると、子どもが自由奔放に組みあげたブロック細工のような印象も受ける。隣接して建つ舞洲スラッジセンターという汚泥処理施設も同じく彼によるもので、こちらも観ただけでわかるほどのインパクトだ。

地元では少なからず「税金の無駄遣い」という意見もあるようで、それはそれでまっとうではあるけれど、僕にとっては「貴重な作品を見せていただきました」といったところ。

舞洲からは南の夢洲を目指すが、両島を結ぶ夢舞大橋は歩いて渡れない。橋上には歩行者用スペースもあるのでいずれは解禁されるのかもしれないが、現在は路線バスを利用するのみだ。そして夢洲内にあるバス停はひとつだけ。その名も「夢洲CT前」。CTってなんだと思っていると、それは到着してすぐ解明。バスを降りると目の前には山のように

舞洲に建つ大阪市の清掃工場。知らなければなんの施設か即答できる人は少ないのではないか。フンデルトヴァッサーの手による同様のゴミ焼却場は、ウイーンにもあるそうだ

コンテナが積まれ、積載待ちのトレーラーが列をなしている。海辺では恐竜のような姿をしたガントリークレーンが立ち働いている。CTとはコンテナ・ターミナルのことだったのだ。

この島には一般人はあまり見かけない。歩道はしっかりしているが、信号がほとんどないのでトレーラーが走り回る道を横断するのにもひと苦労だ。島の西側へ向かうとそこには茫漠たる造成地が広がっており、ここそが2025年開催予定の大阪万博予定地だ。さすがにまだ建築は始まっておらず、海風に砂埃が舞うばかり。

1970年の大阪万博当時は、海外旅

夢洲の大半はまだ造成地が広がるばかりだった。ここが2025年に開催予定の万国博覧会の会場になる。いったいどんなものができるのか楽しみのようでもあり、心配なようでもあり

行はまだまだ庶民には高嶺の花で、だからこそ世界のほうから日本にやってきてくれた万博は記録的な成功を収めたという。しかしあれから半世紀以上経ち、世界の情報はもはやありふれたものになった。人によっては、ネットですべてがわかる時代にわざわざ実際に海外へ行く意味がわからないという考えもあると聞く。そんななかで果たしてどんな万博が開催されるのだろうか。

夢洲からはバスで夢咲トンネルを抜けて咲洲へ。咲洲はすでに地下鉄中央線やニュートラムといった公共交通も整備され、高層マンションがいくつも建ち並んで人の居住空間が完成しているようだっ

た。ここでは大阪府咲洲庁舎最上階にある展望台へ登ってみる。

そこからは咲洲を中心に３６０度のパノラマを展望でき、もちろん今日歩いてきた舞洲や夢洲も俯瞰できる。足下に見えるフェリーターミナルからは、いままさに一隻のフェリーが出航しようというところで、タグボートの助けを借りて洋上に船首を向けていた。着くのは韓国か中国か。咲洲には国際線の定期フェリーも発着するのだった。

咲洲のフェリーターミナルからは、今まさにフェリーが出航しようとしているところだった。調べてみるとこの船は釜山行き。大阪を午後3時半に出航、瀬戸内海を抜けて翌朝10時に到着とのこと

DATA

⦿モデルプラン：JR桜島駅→此花大橋→大阪市環境局舞洲工場→舞洲スラッジセンター→夢洲→咲洲→大阪府咲洲庁舎展望台→大阪メトロ中央線コスモスクエア駅

⦿歩行距離：約7km

⦿歩行時間：約2時間半

⦿アクセス：起点の桜島駅へは大阪駅よりJR環状線、桜島線を乗り継いで約20分。終点のコスモスクエア駅からは大阪メトロ中央線、御堂筋線を乗り継いで梅田駅まで約30分

⦿立ち寄りスポット情報：大阪市環境局舞洲工場＝大阪市此花区北港白津1-2-48。📞06-6463-4153。舞洲スラッジセンター＝大阪市此花区北港白津2-2-7。📞06-6460-2830（いずれも事前予約で内部見学可能）。大阪府咲洲庁舎展望台＝大阪市住之江区南港北1-14-16。📞06-6615-6055。11:00～22:00。月（祝日の場合翌日）休。一般800円

※大阪万博に付随する拡幅工事のため、此花大橋は当面歩行者の通行ができなくなり、その間は代替バスが運行されるとのこと。くわしくは大阪市のサイトを参照

大多府島

おおたぶじま

半日でもすごく遠くへ行きたい。そんな思いを胸に関西の向こうの島へ

岡山県

突然、すごく遠くへ行きたくなることがある。いつもの場所ではない、見知らぬどこかへ。そしてそれはたとえ半日の旅といえども抗いがたい。移動に時間を費やすということは、そのぶん現地滞在時間は限られるがそれも覚悟の上。さて、どこへ行こうか。

地図と時刻表を首っ引きに、ようやく決めた場所は岡山県の大多府島。岡山県、もはや関西ですらない。ただし大多府島があるのは県東端で、兵庫県から一歩足を踏み入れたあたり。なんとかなるだろう。まずは神戸駅から山陽本線新快速で姫路駅へ、そこから各駅へ乗り換える。新快速が12輌編成だったのが、各駅はいきなり4輌編成に。さらに播州赤穂駅で赤穂線に乗り継ぐと3輌に。乗り換えた駅は「播州」赤穂駅だったのに、そこから二つ目の駅が「備前」福岡駅だったりするところで「遠くに来た」感があふれ出す。

（下写真）大多府島は岡山県の日生から6kmほど南にある小さな島だ。島は三日月のような形をしており、凹んだ北側は古くから天然の良港として活用されてきた。人口は100人にも満たない

大多府島への連絡船が出航する日生《ひなせ》駅へ到着。それまで車窓には山と畑が続いていたのに、日生駅を下車すると目の前にいきなり入り江が広がっていてこれまた驚く。瀬戸内の海だ。

波止場までは駅から歩いて10分ほど。道沿いには日生の名物である「カキオコ」の看板がいくつも出ている。カキオコとはカキを使ったお好み焼きのこと。カキ好きとしてはひどくそそられるが、ここまでけっこう時間を使っていることだし、まずは大多府島へ急ぐ。

日生港から大多府島までは約30分の距離だが、港から大多府島は見えない。その手前に、鹿久居島や頭島といった島が

立ちはだかっているのだ。島が重層的に並び、一見するとどこからどこまでが島なのか、あるいは地続きなのかわかりづらいのも、多島海の瀬戸内ならではだ。

途中で鴻《こう》島に寄港のうえ、船は大多府島に到着。ようやく一歩目を踏み出す。この島は江戸時代、参勤交代で江戸を目指した薩摩藩島津公によって良港としての資質を見いだされ、それによって岡山藩が開発したという歴史を持っている。当時築かれた防波堤は今も姿をそのまま残し、防波堤としては日本で唯一の有形文化財に登録されているそうだ。また、当時用いられた六角井戸と呼ばれる井戸も現存している。

島の面積は0・4平方㎞、周囲約5㎞。三日月状の小さな島の南側には、外周を巡るように遊歩道が設けられているので、これを辿ってみることにする。

港の東側突端から続く道に足を踏み入れると、まず現れたのが夫婦岩と呼ばれる奇岩。浸食と風化によって現在のような形になったそうだが、ここで夫婦岩以上に気になったのは、その先に見える小さな島だ。

鶴島と呼ばれるその島は、日本最後のキリシタン大弾圧といわれる「浦上大崩れ」によって島流しにされたキリシタンたちが暮らしていた過去があるのだ。しかもそれが行われたのは明治に入ってから。学校で習った歴史では、明治維新によって信仰の自由は保証さ

北岸の船着き場から集落を抜けて小高い丘に登れば、そこからはすぐに南側の海を眺望できる。島で一番標高が高い場所でも41mしかない。島の人は見知らぬ訪問者にも気軽に声をかけてくれた

れたはずだったけど、実際にはかなりの混乱もあったらしい。現在、鶴島は無人島だが、そこにはキリシタン墓地や殉教者を悼む石碑があるという。

島の東岸に沿っていた道はやがて南岸へ。目の前には小豆島が大きい。島に来たときに出会った地元のおじさんは、「この島の美しさは南側の岸辺。小豆島との間にはほかの島がなく、海とこの島の美しさがよくわかる」と誇らしげに教えてくれたが、たしかに南岸からの風景は目を見張るばかりだ。途中で出現した勘三郎洞窟という深い海食洞は、江戸時代、勘三郎という人がここで秘かに藩札を偽造したという伝説を持つが、崩落の危険

島の南岸にある勘三郎洞窟と呼ばれる海蝕洞。現在は岩場沿いに入り口まで小径が整備されているが、勘三郎さんが藩札を偽造していた当時は、船でしか来られなかったのではないだろうか

から現在は内部への立ち入りは禁止されている。

遊歩道からは、ところどころ海岸線へと降りる道も延びており、そんななかのひとつを下って岩の上で休憩。島には商店もないとのことだったので、リュックに忍ばせてきた缶ビールを開ける。瀬戸内の美しい風景を独り占めにしながらの一杯は最高だ。

くつろいでいたら島を去る船の時間が近づいてきた。遊歩道から脇道を辿って港へ戻る。港に係留している漁船では、若い漁師たちが楽しそうにおしゃべりしつつカキの養殖筏を手入れしていた。耳をすませば、話しているのはインドネシア語？ 漁業の技能実習生としてこの島に滞在しているのだろうか。母国から遠く離れてご苦労さまである。

さあ、船がやってきた。日生に戻ったらまずはカキオコを食べなくちゃ。

DATA

⊙モデルプラン：JR日生駅→大多府島フェリー乗り場→六角井戸→夫婦岩→勘三郎洞窟→大多府島フェリー乗り場→日生駅
⊙歩行距離：約2.5km
⊙歩行時間：約1時間
⊙アクセス：起終点の日生駅へはJR神戸駅から山陽本線、赤穂線を乗り継いで約1時間半。日生から大多府島へは船で約25分
⊙立ち寄りスポット情報：大生汽船＝備前市日生町日生241-115。📞0869-72-0506。日生～大多府島間一般620円。六角井戸＝備前市日生町大多府島。📞0869-72-1919（備前観光協会）

竹生島《ちくぶしま》

西から東へ。信仰の島を経由して琵琶湖を横断する

滋賀県

竹生島は琵琶湖の北部にピョコンと顔を出す小さな島だ。この島の下には湖底から花崗岩の山がそびえ立ち、その頂上部分が竹生島なのだ。島の西側には水深１００ｍを越える琵琶湖の最深部があるそうで、琵琶湖のなかの雄大な地形を想像してしまう。

古くから島全体が信仰の場所として知られ、西国三十三所霊場に数えられる宝厳《ほうごん》寺や都《つ》久夫須麻《くぶすま》神社など、神仏一体の聖地となっており、最近では強力なパワースポットとしても人気が高い。ちなみに都久夫須麻神社のご神体は竹生島そのものなのだとか。

島へは湖岸のいくつかの町から船が出ており、どんなルートを取ろうかと考えたが、ここはやっぱり琵琶湖を横断、途中で島へ寄るという行程がいかにも旅らしい。そこで目指したのが湖西の近江今津駅。少し歩けば今津港だ。竹生島行きのチケットを購入し、出航

竹生島は周囲2kmあまりの小さな島だ。船着き場のある小さな入り江以外は周囲を断崖に囲まれており、島内を周回する道もない。島全体が琵琶湖国定公園の特別保護区に指定されている

まで少し時間があったので、近くの『琵琶湖周航の歌資料館』へ寄ってみる。『琵琶湖周航の歌』といえば昭和40年台に加藤登紀子さんが歌ってヒットした曲だが、もともとは大正時代に第三高校（現・京都大学）のボート部部員によって作られた、いわゆる学生歌なのだそうだ。旅情感あふれるメロディはまさに旅のお供にふさわしい。湖なのに「うみ」と歌って違和感がないのは、日本では琵琶湖くらいだろう。この歌を作詞した小口太郎、作曲した吉田千秋ともに20歳台半ばに病気で早世したと知ると、ひときわ切なさが募ってくる。

船は定時に今津港を出航。穏やかな湖

面へ切り込むようにして島へ向かう。所要時間は25分ほどなので、キャビンには入らずデッキで風景を楽しみながら時をすごす。

地図上で眺める琵琶湖は、その名の通り琵琶の形をしたとにかく大きな湖という印象が強いが、実際に湖面から眺めると岬あり入り江ありで、思ったより地形は複雑だ。北から延びる葛籠尾崎《つづらおざき》という岬と竹生島間の湖底からは、原形をとどめた土器が漁網にかかるなどして数多く発見されており、そこは湖底遺跡と呼ばれているのだという。その謎はまだほとんど解明されていないようだが、なんだかエーゲ海の漁師が古代ギリシャの石像を発見したみたいな、ワクワクする話ではないか。

そんなことを考えているうちに船は竹生島へ到着。船着き場を出ると目の前にいきなりドーンと階段が延びている。しかもその一段一段がなかなかスパンが高く、登るのに骨が折れそうだ。船内にはご年配のかたもけっこういたので、大丈夫かしらと心配になったが、皆さん気丈に歩かれている。覚悟のうえの訪島なのだろう。

負けじと僕も後を追い、辿りついたのが竹生島宝厳寺の本堂だ。本尊は弁財天で、開眼は724（神亀元）年。江ノ島、宮島と並ぶ日本三大弁財天のなかでも最古のものだそうだ。本堂内では、弁天様の絵が描かれたダルマに願いを書いた紙を収めて奉納する「幸せ

都久夫須麻神社の本殿向かいにある竜神拝所。「かわらけ」と呼ばれる小皿に願い事を書き、ここから湖面に突き出た鳥居へ投げて見事くぐらせることができれば、願いが成就するという

願いダルマ」なんていうのもあって、老若男女問わず願をかけている。

一気に一番標高が高いところまで歩いたので、そこからはのんびりと下りながら国宝である唐門や重文の観音堂、都久夫須麻神社の本殿を参拝する。本殿から湖へ向かった先には、「かわらけ投げ」で有名な竜神拝所がある。かわらけ投げというのは、素焼きの小皿に願いを書き、湖畔の鳥居へ投げてくぐれば叶うというもので、こちらも大人気。やっぱりみんな幸せになりたいよね。

ひと通り島内を巡り、船着き場に近い売店で名物の赤こんにゃくなどを頬張っていると、やがて島を離れる船がやって

きた。今度の船は湖東の長浜行きだ。これにて琵琶湖横断である。そういえば資料館で見た『琵琶湖周航の歌』の歌詞には、「今日は今津か長浜か」という一節があったが、まさに今日の旅と一緒だ。

長浜も昔ながらの町並みをよく残していると聞く。豊臣秀吉を偲んだ豊国神社をはじめ、てっぺんには電波塔らしきものがありつつもそれはただの飾りで、1964（昭和39）年に「東京タワーみたいなのを長浜にも」との思いで建てられた「長浜タワービル」のような珍スポ好きにはたまらない名所も点在するらしい。今日は島内をうろうろしただけで、徒歩旅行というほどにはまだ歩いていな

長浜は琵琶湖の東岸、湖北地方に位置する町だ。豊臣秀吉の城下町として整備され、琵琶湖の水運などで発展した。今日も昔ながらの街並みを多く残し、ちょっと路地に入ればこんな光景も見かける

い。長浜の町で仕上げていくことにしましょうかね。

1964年に建築された長浜タワービル。屋上から延びているアンテナ状のものは単なる飾りらしい。正面の長浜タワー「ビル」のアルファベット表記が、「BUILDING」でなく「BILL」と誤記なのも魅力

DATA

⦿モデルプラン：JR近江今津駅→今津港→琵琶湖周航の歌資料館→竹生島船着き場→宝厳寺→観音堂唐門→都久夫須麻神社→竜神拝所→竹生島船着き場→長浜港→豊国神社→長浜タワービル→JR長浜駅

⦿歩行距離：約3.5km

⦿歩行時間：約1時間半

⦿アクセス：起点の近江今津駅へは京都駅からJR湖西線で約50分。終点の長浜駅から京都駅へはJR北陸本線、東海道本線経由で約1時間15分

⦿立ち寄りスポット情報：琵琶湖汽船＝大津市浜大津5-1-1。☏0570-052-105。今津～竹生島～長浜間横断ルート一般2880円。琵琶湖周航の歌資料館＝高島市今津町中沼1-4-1(今津東コミュニティセンター1F)。☏0740-22-2108。9:00～17:00。月(祝日の場合翌平日)、祝日の翌日、年末年始休。宝厳寺＝長浜市早崎町1664。☏0749-63-4410。9:30～16:30(船の就航時間に基づく)。都久夫須麻神社＝長浜市早崎町1821。☏0749-72-2073。豊国神社＝滋賀県長浜市南呉服町6-37。☏0749-62-4838。長浜タワービル＝長浜市元浜町7-35。※竹生島上陸には入島料として500円必要

友ヶ島《ともがしま》

明治から昭和にかけて、数々の戦争遺跡を残す島をプチ探検

和歌山県

友ヶ島は紀伊半島と淡路島の間、紀淡海峡に浮かぶ島だ。沖ノ島、地ノ島、虎島、神島の四島からなり、いずれも基本は無人島。そのうち沖ノ島だけは定期船が就航しており、季節営業の宿やキャンプ場など観光施設も用意されている。

島の歴史は古く、神功《じんぐう》皇后が海難を避けたという伝説が残されていたり、修験者の行場ともなってきたが、やはり特筆すべきはこの島の立地が大阪湾の喉元に位置するとあって、明治から太平洋戦争にかけて数々の砲台や探照灯、聴音所が構築され、今もその痕跡を残していることだろう。そんな戦跡を巡りながら、この島を歩いてみた。

最寄り駅は南海電鉄の加太駅。改札を抜けた瞬間に穏やかな潮風が頬をなで、南へ来たことを実感する。港へ向かう加太の街並みも、古きよき漁村の面影を漂わせていて魅力的

加太と友ヶ島を結ぶ船上から西を望む。友ヶ島の背後に長く横たわる巨大な山並みは淡路島。同じ島でありながらスケールの違いに驚かされる。かつては両島の要塞が大阪湾口への睨みを利かせていた

だが、まずはフェリーの時間があるので港を目指す。

加太港の眼前に見える大きなふたつの島が地ノ島と沖ノ島だ。虎島と神島は沖ノ島に付随する立地なので、近づくまではなかなか判別できない。船はそんななかを縫うように進み、やがて沖ノ島の野奈浦桟橋へ着岸。桟橋から島内へはいくつか道が分岐しており、乗客はそれぞれ三々五々に散っていく。今回は主に戦跡を巡りたかったので、島の西側を巡るルートを選ぶ。島内には指導標がしっかり整備されていて、それだけでも歩くことは可能だが、やはり地図を持っていたほうが探検気分は盛り上がるだろう。

歩き始めていきなり、道端の樹上をかけ登る生物を発見。目を凝らしてみるとタイワンリスだ。タイワンリスはその名の通り外来種。関東でも伊豆大島などで繁殖して問題になっているが、ここにもなんらかの方法で上陸したのだろう。ちなみにこの島には、ほかにもシカやクジャク(!)もいるそうだ。シカはともかくなんでクジャクがと思ってしまうが、過去にこの島をリゾート・アイランドとして開発、挫折という歴史があったそうで、クジャクはその置き土産らしい。当時はまだ今ほど生態学的な見地は普及していなかったとはいえ、クジャクかー。昭和にはエキゾチックな生き物の象徴だったんだろうな。

そんなことを考えながら歩いているうちに、第2砲台跡、そして第1砲台跡と呼ばれる

友ヶ島西端に位置する第2砲台跡。外敵の大阪湾侵入を防ぐため、明治政府はここに強力な砲台を設置した。現在は崩落などの危険から内部に入ることはできないが、それでも当時の様子はうかがえる

場所に到着。これらはいずれも明治時代に外国艦隊の襲来を警戒して構築されたそうだ。第2砲台跡内部は現在立入禁止。横にいたおじさんによると「昔は入れたんやけどなー」とのこと。裏手というか海側へまわると、無残にも破壊されたコンクリートの巨大な塊が散乱していた。これは戦後に爆破処理された結果だそうで、砲台を守るコンクリートは厚さ2mもあったそうだ。第1砲台跡も内部には入れないものの、レンガ積みによるトンネルや階段は当時の様子を偲ばせる。

この第1砲台跡の近くにそびえ立っているのが友ヶ島灯台。明治3年に建てられたもので今も現役。夜になれば周囲の

島の南側の小径を辿っていくと現れる旧海軍の聴音所跡。ここから海中の異音を感知して、敵潜水艦の接近を警戒した。分厚い壁で強固に建てたぶん、現在も崩壊することなく残っているのだろう

海を照らしているそうだ。2008（平成20）年には近代化産業遺産の認定も受けている。このあたりから道は次第に登り基調に。とはいってもこの島の最高地点は120mにすぎないので、のんびりした山歩きといったところだ。

次に現れたのは旧日本海軍の聴音所跡。ここは大阪湾に侵入しようとする敵潜水艦の音を感知する施設だったそうで、崖の上に建てられたトーチカ状の建物にはいくつもの覗き穴が開いている。内部はざっくりとした間取りしか判別できないが、それでも「ああ、ここはトイレだったんだね」などと推測でき、こんな戦跡にも生活感が感じられる。

島の北側に向かって視界が開けた展望台には、多くの人が立ち寄っていた。目を向ければ西には大きな淡路島、眼前には大阪湾が広がり、その奥には六甲の山並みがくっきりと見えた

この先で島の一等三角点を越えれば、いちばんの見どころである第3砲台跡だ。尾根を削るような形で構築されたレンガ積みの構造物は、今もしっかりとその形を残していて迫力がある。友ヶ島を紹介する記事やテレビなどでも必ずといっていいくらい紹介される「お約束」の場所だ。戦時はここで「いざ本土決戦！」だったのだろう。

あとは九十九折りの道を下って起点の野奈浦桟橋へ。この島の道は概して幅広くしっかり造られており、これももともとは軍用道路として整備されたためだそうだ。

桟橋まで降りてきたとき、本当は売店

友ヶ島で最も有名な戦争遺跡といえる第3砲台跡。実際の砲座は当時海側にあり、このレンガ造りの構造物は弾薬支援庫だった。一部は内部にも入れるが、照明はないのでヘッドランプ等が必要

で一服するつもりだったのに、今まさに出航しようというフェリーからの「急いでくださーい！」という声に、急いでもいないのに思わず「待ってー！」と意味もなく乗り込んでしまったのは、昔観た離島を舞台にした映画の離別シーンがついつい浮かんでしまったからだろう。

DATA

⦿モデルプラン：南海加太駅→加太港→沖ノ島野奈浦桟橋→第２砲台跡→第１砲台跡→友ヶ島灯台→聴音所跡→第３砲台跡→沖ノ島野奈浦桟橋→加太港→南海加太駅
⦿歩行距離：約4km
⦿歩行時間：約2時間
⦿アクセス：起終点の加太駅へはなんば駅から南海電鉄南海線、加太線を乗り継ぎ約1時間40分。加太港から沖ノ島野奈浦桟橋へは船で約20分
⦿立ち寄りスポット情報：友ヶ島汽船＝和歌山市加太。℡073-459-1333。往復2200円。友ヶ島の戦争遺跡＝℡073-435-1234（和歌山市観光課）

淡路島と明石海峡《あわじしまとあかしかいきょう》

世界最長の吊り橋を見上げつつ、瀬戸内海最大の島へ渡る

兵庫県

「海峡」ということばには、どこか旅心をくすぐるものがある。津軽海峡や関門海峡はその代表例だし、世界に目を向ければブリテン島とヨーロッパを分かつドーバー海峡、ヨーロッパとアフリカ大陸の狭間にあたるジブラルタル海峡、そしてヨーロッパとアジアを隔てるボスポラス海峡など、旅好きであればどこも一度は渡ってみたい海だ。

そして関西にそんな海峡はと眺めてみれば、明石海峡があるではないか。明石海峡には１９９８（平成10）年に明石海峡大橋が架けられたが、今も明石と淡路島の北端にあたる岩屋間には連絡船が通っている。この船に乗って海峡越えの醍醐味を味わおう。

ＪＲ明石駅から淡路島行きの船ジェノバラインの発着所までは歩いて15分。途中には４００年以上の歴史を持つことで知られる魚《うおん》の棚《たな》市場がある。せっかくなので、まずはこ

明石焼きはまな板状の木製の板に載せて運ばれてくる。地元では「たまご焼き」と呼ぶそうなので、それでは普通の卵焼きのことはなんて呼ぶのか尋ねたところ、「だし巻き」が一般的だとか

こで昼食代わりに名物「明石焼き」をいただいていく。

明石焼きは、大阪のたこ焼きの原型になったともいわれる郷土食だが、その様子はずいぶんと異なる。形こそピンポン球のような姿が似ているが、たこ焼きの食感が「表面カリッ、中トローリ」と表現されるのに対し、こちらは表面も中もフワッフワ。地元の人は「たまご焼き」と呼ぶそうで、まさに卵のフワフワ感が前面に出ている。これを出汁にくぐらせて食べるとき、うっかりすると崩してしまいそうなほど。ソースやマヨネーズを使うタコ焼きがビール向きとすれば、こちらは日本酒にも合いそうだ。

出発前からいきなり満足して船へ。港を出るとすぐ頭上には明石海峡大橋が延びており、対岸は淡路島だ。それにしてもこの明石海峡大橋、大きい。全長3911m。さすが世界最長の吊り橋だけのことはある。そして淡路島もそれに負けず劣らず大きい。面積は600平方キロ近くあり、もはや僕の「島」の概念を越えている。

船はわずか13分の航海で対岸の岩屋港へ到着。明石海峡を振り返ると、海がまるで川のように流れている。普通は水平線からこちらに向けて波が寄せてくるものなのに、ここでは横へ横へと白波が次から次へと流れていく。これが海峡か。一番狭いところでわずか3・6㎞。そこへ潮の干満によって海水が流れこむとこういうことになるのか。

港から少し歩くとあったのが絵島という小島。『古事記』によると、イザナギノミコトとイザナミノミコトが最初に生み出したオノコロ島は淡路島を指すそうで、そのなかでもさらにこの絵島こそがオノコロ島だという説もある。見た目には小さな島にすぎないが、この島は西行をはじめ多くの歌人にも詠まれてきたそうだ。

その先にあるのは石屋《いわや》神社。ここもイザナギノミコトとイザナミノミコトを祀っている神社で、鳥居が海に向かっているあたり、やはりなにか神秘的なものを感じてしまう。

ここからは岩屋集落、長浜集落の商店街を抜ける。商店街自体は静かに晩年を過ごすと

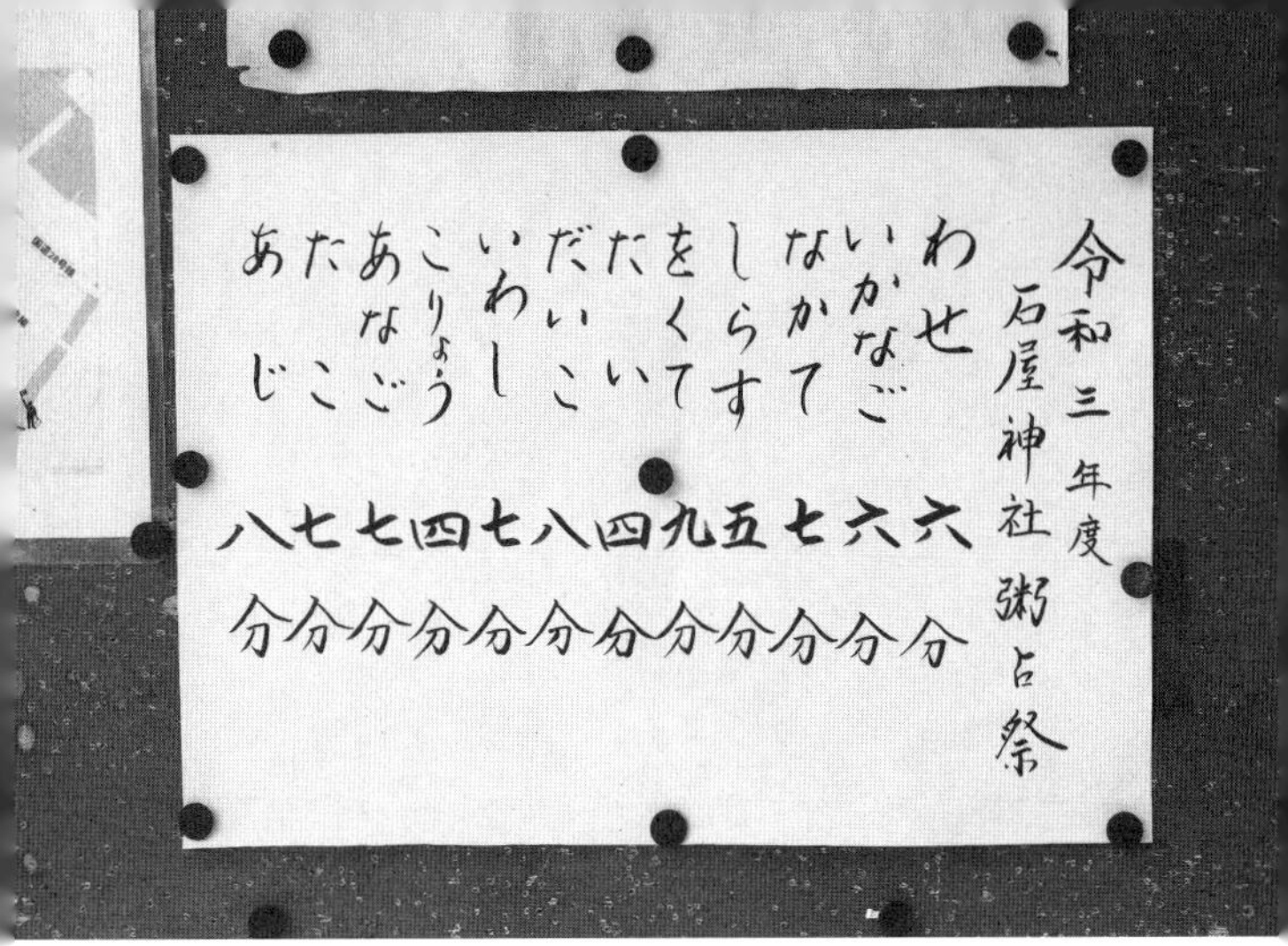

岩屋集落内の掲示板には、石屋神社の粥占祭の結果が貼られていた。粥占祭というのは、炊いたお粥が竹筒から流れでるさまで農水産物の吉凶を占うもので、五分が平年並みらしい

いった趣だが、そのなかに今も現役の銭湯があるあたりに漁師町の矜持を感じる。

明石海峡大橋直下にある道の駅で名物の生しらす丼をいただき、そこからは淡路ICを目指す。帰路は明石海峡大橋を渡ってみようという作戦だ。ただしあの橋は自動車専用道なので、高速バスを利用する。淡路ICバス停まで30分ほど歩き、そこからバスに乗ること数分。車窓から明石海峡を眺めているうちに、本州側の高速舞子バス停に到着だ。

ここからは舞子駅も近いが、最後に寄ってみたかったのが舞子公園にある『舞子海上プロムナード』。ここは明石海峡大橋の付帯施設として作られたもので、橋の直下、海面からおよそ50mの高さにある遊歩道なのだ。

　実際に歩いてみると不思議な気分になる。リアリティのある高さといったらいいのだろうか。たとえば飛行機に乗ってもその高度に恐怖感は感じないが、50m下の海面をのぞくと、「ああ、ここから落ちたら、自分の身体はひどいことになるだろうな」と想像できてしまう高度感。ちなみに明石海峡大橋では年に一、二度、歩いて渡るイベントがあるそうで、それはてっきり車道を封鎖して歩くのだとばかり思っていたのだが違った。実際には道路の下に併走する、遊歩道からも見えた保守点検用の道を歩くらしい。足下が

明石海峡大橋のたもとに展示されていた潜水艇。海峡大橋の基礎掘削のときに使われたもので、海底での作業時間の確保や、低水温対策、減圧時の安全性などを解決するのに活躍した

淡路島側から望む明石海峡大橋。全長3911mは吊り橋としては世界最長を誇る。当初の計画では3910mだったものが、建設中に発生した阪神淡路大震災により地殻が変動、結果1m長くなったという

金網状のあの道を？　しかも４km近く。
途中トイレ厳禁なのも条件だとか。
いやいや、海峡はやっぱり遠くにあって憧れるものかなあ。

DATA

⦿モデルプラン：JR明石駅→ジェノバライン発着所→岩屋港→絵島→石屋神社→岩屋・長浜集落→道の駅→淡路ICバス停→高速舞子バス停→舞子海上プロムナード→JR舞子駅

⦿歩行距離：約7.5km

⦿歩行時間：約3時間

⦿歩行距離：起点の明石駅へは神戸駅からJR山陽本線で約15分。終点の舞子駅からも山陽本線で神戸駅へ約15分

⦿立ち寄りスポット情報：淡路ジェノバライン＝淡路市岩屋925-27。✆0799-72-0181。一般530円。魚の棚商店街＝明石市本町1-1-16。✆078-911-9666(魚の棚商店街事務所)。8:00～18:00(店により異なる)。木休の店が多い。絵島＝兵庫県淡路市岩屋884-4。✆0799-64-2520。石屋神社＝兵庫県淡路市岩屋明神799。✆0799-72-3155。舞子海上プロムナード＝神戸市垂水区東舞子町2051。✆078-785-5090(舞子公園管理事務所)。9:00～18:00。10～3月第2月、年末休。一般300円(平日250円)

半日徒歩旅行の心得③

冷えたビールのない徒歩旅行なんて

今日の徒歩旅行も無事ゴール。汗もかいて喉も乾いた。となるとここは「ビール!」といきたいところ。クルマの運転がないのも徒歩旅行の特権のひとつ。

しかし。ゴールに必ずビールがあるとは限らない。まずはコンビニを探すところだが、コンビニがない駅前はたくさんある。ビールの自販機もすでに絶滅危惧種だ。

保冷バッグの性能にも限度があるし、保冷剤の重さも気になる。なんとか冷えたビールを長時間持ち歩けないものかと、いじましい工夫を重ねたのが以下の考察だ。

当初は単に缶ビールを凍らせていく方法を採用。冷凍庫にひと晩放り込めば、ビールは凍る。飲むころには解凍されて適温になっている寸法だ。しかしこの方法はタイミングが微妙で、いざというときにまだ半解凍状態で飲めないことがあった。ビールが目の前にあるのに、飲めない情けなさよ。

改良版として編み出したのが、凍ったビールと冷やしたビールを一緒に保冷バッグで携帯する作戦。これなら凍ったビールが保冷剤代わりになり、冷やした状態のビールは当分冷たいまま。そして凍ったビールのほうも徐々に解凍されていく。飲むときにはもちろん冷やしたビールから。そのときに凍らせたビールの状況を確認。そのまま保冷バッグに入れておくか、解けきってないようなら常温で解凍を促す。

現状ではこの方法がベター。欠点はビールが二本必要なことだが、これはもうあきらめるしかないな、残念だけど(嬉)。

第4章 里山を漫遊徒歩旅行

銘木を産出する山、お茶の故郷、延々と広がる棚田の里、人々の暮らしと密接につながる里山を巡ってみよう。

茅葺き屋根の住居が現役で数多く残っている美山の北集落。家屋だけでなく、集落内に立つポストも昔ながらの円筒形、電柱も木製。電柱に取りつけられた街灯も、なんだか懐かしいデザインだ

こうさんじときたやますぎのさと

高山寺と北山杉の里

鳥獣戯画の故郷から
山中の林業集落を抜けて

京都府

京都駅を出発した路線バスに乗りながら、京都はつくづく盆地なんだなと思った。1時間も乗っていないのに周囲はすでに山深く、傍らにはアマゴ入漁券販売の看板が立つ。アマゴは水温の低い川で暮らす渓流魚だ。同じように東京駅からバスに乗ったとしても、小一時間では関東平野のへりにすらたどり着かないだろう。

目指すは京都北山。北山杉の産地だ。ただしその前に寄り道をする。鳥獣戯画で有名な高山寺を訪ねてみたかったのだ。下車するバス停は「栂《とが》ノ尾」とちゃんと調べてきて、アナウンスを確認して降りたところバス停の名前はなんと「槙《まき》ノ尾」。そんな似た名前のバス停があったとは。バス停前の茶屋で尋ねると栂ノ尾は次とのこと。やむなく歩いたのだが、これが結果として悪くなかった。歩き始めてほどなく高山寺の表参道が現れたのだ。

高山寺の創建は奈良時代といわれるが、実質的に開いたのは鎌倉時代の明恵。境内の石水院は当時からのもので国宝に指定。鳥獣戯画や、明恵が種を蒔いたとされる日本最古の茶園でも知られる

あとから確認したら、栂ノ尾バス停は駐車場がある裏参道に最寄りなのだった。

高山寺は奈良時代の創建と伝えられるが、実質的な創立者は鎌倉時代の明恵上人。学問の場として後鳥羽上皇より賜った石水院は国宝に指定されている。しかし、それよりも世に知られているのは日本最古の漫画ともいわれている鳥獣戯画だろう。カエルやウサギが相撲を取ったりする姿はお馴染みだ。四巻からなる作品は時代も作者もさまざまで、その詳細はまだ未解明な部分も多いそうで、もしかしたら現在の漫画プロダクション制度みたいなものが当時すでにあったのかもしれない。現物は京都と東京の国立博物

館に委託保管されているが、ここでも一部レプリカを拝観することができる。

　高山寺を後にしたら国道を北上。北山杉の故郷、北山地方へ。当初は歩行者スペースが狭い道をクルマと一緒に歩く状態でちょっと緊張感があったが、やがて近年開通したであろうトンネルと分岐するように旧道がそのまま残されていた。こちらは自動車進入禁止とあってのんびりと歩ける。道には落ち葉や折れ枝が散乱し、日陰部分にはコケが密生。一部アスファルトが抜け落ちている部分などもあり、このままいずれは自然に呑まれていくのかもしれない。

　トンネルの向こうで一度国道へ合流するも、次のトンネルを前に再び旧道が分岐、その先にあったのが中川集落だ。集落には製材所の看板がいくつも並び、林業とともに生きてきたことがわかる。集落を流れる清滝川沿いには長大な木造倉庫群が並び迫力だ。これは名産である磨き丸太などの加工や保管を目的に、昭和初期に建てられたそうだ。

　磨き丸太というのは丸太の表面を砂で磨きあげ、独特の光沢を出した丸太のこと。物流の不便さから太い丸太を生産できなかったこの地方が、細い丸太になんとか付加価値をつけようと見いだしたものだ。以降、この磨き丸太は、茶の湯の発展とともに茶室には欠かせないものとなっていった。

北山杉の育林法として「台杉」と呼ばれるものがある。これは大きなひとつの株からいくつもの幹を分立して育てるもので、植林の回数を減らせ、さらには優れた遺伝子を持つスギをそのまま更新できるというメリットもあるという。ちなみに集落内にある愛宕神社には、すべての北山杉の母樹といわれるシロスギが樹齢500年を越えてなおそびえていた。

中川からさらに北上、杉阪集落に至ったところで進路を右へ。ゆったりと折り返すように京都の街へ進路を取る。きっちりと手入れされて天に向かって伸びている杉の森を抜ける舗装路を歩くことしばし。先にようやく日差しが見えてきた

(上写真)清滝川沿いには木造倉庫が連なっていた。一階の庇が長く突き出しているのは、荒天時にも作業ができるための工夫とのこと。倉庫内部には美しく仕上げられた磨き丸太が立てかけられていた

ねぎ坊主よろしく、細長く伸びる幹の上部にだけ葉が残されている台杉の森。ひとつの大きな株から何本も幹を生長させている。北山から杉阪にかけての山にはこんなスギ林が多い

なと思ったら、そこが京見峠だった。京見峠はその名の通り、若狭側から歩いてくるとここで初めて京都の街を一望できる峠だ。現在は樹木が育ちあまり展望は利かないが、それでも目を凝らすと、建物が建ち並ぶ京都盆地が樹間からうかがえた。

ここからはひたすら下っていけば洛北の鷹峯方面へ辿りつくが、その途中で「古道　長坂道」の道標がある分岐を発見。これはおもしろそうだとそちらへ分け行ったところ、舗装こそされているとはいえこれがなかなかの激坂。実は最大斜度20%超にもなる京都有数の坂道で、もちろん自動車の通行は不可。いっぽう、こ

の上りを一度は味わいたいという、ヒルクライム志向のドMサイクリストには人気のようで、途中何度かあえぎあえぎペダルを踏む彼らとすれ違った。かくいう自分も最後の最後に登場したこの下りを前に、ヒザをガクンガクンいわせながらようやく鷹峯に降り立ったのだったが。

京見峠には樹木が茂っていたが、その隙間からたしかに京都の街並みが見渡せた（写真上）。京見峠からしばらく下ったところから分岐していた長坂道。鷹峯に向けて激しい下り坂が続く（写真下）

DATA

⦿モデルプラン：槙ノ尾バス停→高山寺→中川集落→杉阪集落→京見峠→長坂道→鷹峯源光庵前バス停
⦿歩行距離：約13km
⦿歩行時間：約5時間
⦿アクセス：起点の槙ノ尾バス停へはJR京都駅からバスで約50分。終点の鷹峯源光庵前バス停から京都駅まではバスで約45分
⦿立ち寄りスポット情報：高山寺＝京都市右京区梅ヶ畑栂尾町8。℡075-861-4204。8:30～17:00。石水院拝観料一般800円

能勢の棚田と三草山

のせのたなだとみくさやま

大阪の片隅に残る、美しい棚田風景を眺めに

大阪府

大阪といえば食い倒れにして、お笑いにして、タイガースにしてと、とかくエネルギッシュなイメージが強い。街を歩いても新旧重なり合うようにあらゆるエリアで発展を続けている。その反動か街並みに緑が少ないようにも見え、実際、大阪から東京にやってきた来た友人は、ほかのことはともかく、緑が多いことには感心してくれる。

しかし、そんな大阪にも田園風景が広がるエリアがあるのだ。しかもただの田んぼではなく、美しい棚田が広がっているとのこと。そのエリアとは北摂の能勢町。大阪府の一番北で、山の向こうはもう兵庫県や京都府という立地だ。さぞかし遠いのかと思ったら、梅田からでも1時間半ほどで辿りつけるというではないか。

大阪駅から阪急と能勢電鉄、そしてバスを乗り継いでやってきたのは能勢町の森上とい

（下写真）長谷地区に広がる一面の棚田。茅葺き屋根の民家と相まって、多くの日本人がイメージする農村の原風景を描いている。ここの棚田は「日本の棚田百選」にも選定されている

うバス停だ。ここから少し歩けばもう周囲には一面の田んぼが広がる。田んぼの向こうには標高５６４ｍの三草山が控えていて、その山腹に棚田が広がっているのだ。

そこでまずは棚田を巡り、その後に三草山の頂上を踏むことにする。一応、事前にコースはチェックしていたが、実際には山道に入るまではどこを歩いても問題ないので、方角だけには気をつけて、あとは赴くままに田んぼを眺めながら散策する。

初夏の日曜日。田植えはもうすんでいて、どこの田んぼも稲が青々と育っている。周囲の民家も屋根こそ金属に葺き直

されているが、その風貌は昔ながらの藁葺き家屋だ。

小さな辻に石の古い道標が立っており、そこには文字が彫り込まれている。書かれていたのは「左ささ山　右かめ山」の文字。ささ山というのは現在の丹波篠山のことだろうが、かめ山とはどこだ。まさか三重県の亀山ではあるまい。地図を眺めてみると、これはどうやら京都。現在の亀岡市にはかつて明智光秀の居城だった亀山城があり、その地が亀山らしい。いずれにしても田んぼの片隅でこんな道標に出会うと、いきなり過去から手招きされたような気分になる。

やがて道は少しずつ登り基調になり、左手には長谷《ながたに》地区の美しい棚田が一望だ。棚田が美しいのは、ただ緑の田んぼが秩序正しく並んでいるだけではなく、本来稲作に不適な斜面をなんとか耕作地にしてやろうという、農民の努力もそこに感じられるからなのだろう。途中でやはり棚田を眺めに来た女性と出会い、お互い挨拶代わりに「きれいですねえ」と言葉を交わす。

そのまま山腹を登り、簡易舗装道から山道への分岐を入り、しばしの急登の後に辿りついたのが才ノ神峠。峠といえば山並みの向こう側とこちら側を結ぶ要衝だが、この峠にはなんと八本もの道が上ってきている。かつては灘の酒蔵へ向かう杜氏や有馬温泉を目指す湯治客にも歩かれていたらしい。

この峠から延びる階段道を、息を切らせながら登っていけば三草山の山頂だ。山頂からは南側の視界が開けて、あべのハルカスをはじめとする大阪の高層ビル群がうっすら見えている。

ここからは東へ向かって再び棚田のなかへ。この山道の南側は「ゼフィルスの森」と呼ばれるゼフィルス蝶の保護区域として守られているそうだ。ゼフィルスとはあまり聞き慣れない名前だなと思ったが、これはミドリシジミをはじめとする樹上性シジミチョウの総称。美しい羽根を持っており、愛好家も多いという。

シジミチョウ。人生で最も虫と密接に

数多くの山道が交差する才ノ神峠。この峠には「寛文十一(1671)年」と彫り込まれた石の道標が現在も立っており、当時から交通の要衝であったことがうかがえる

三草山の頂上では、何人ものハイカーがのんびり休憩していた。南を望むと、大阪の高層ビル群が遠望できた。ひときわ高いのがあべのハルカスだろう。今いるここも大阪なのがちょっと不思議

関わっていたのは小学生時代だ。夏となれば虫捕りに夢中で、カブトムシやクワガタなどの甲虫がメインターゲット。チョウ、しかも小さなシジミチョウはほとんど眼中になかったけれど、今なら小さなチョウの魅力というのもなんとなくわかる。とにかく大きな魚を釣りたかったあのころにくらべ、今はタナゴのような小さな魚に親しみを感じたりするのと近しいのではないだろうか。

急坂を下り、さっきまで、はたから眺めていた棚田の只中をそよぐように抜けていくのが心地よい。棚田の脇には当然用水路が流れている。そしてそんな用水路に備えて、リュックのなかには小さな

釣り具セットが納められている。帰りのバス時間まではまだしばらくある。さて、せっかくなのでこのへんでちょっと竿を出してみるとしましょうかね。タナゴ、いるかな？

長谷の棚田周辺には、石組みで築かれた独特の用水が整備されている。ガマと呼ばれる用水システムは、水に恵まれなかったこの地で、天水を少しでも有効に利用しようと考案されたものらしい

DATA

⦿モデルプラン：森上バス停→長谷の棚田→才ノ神峠→三草山→ゼフィルスの森→森上バス停
⦿歩行距離：約8km
⦿歩行距離：約3時間
⦿歩行距離：起終点の森上バス停へは、大阪梅田駅から阪急宝塚本線、能勢電鉄妙見線を乗り継いで山下駅へ約50分。そこからバスで約20分
⦿立ち寄りスポット情報：美しい棚田を堪能したいのなら、稲が育っている初夏がオススメ。棚田は農家のかたが丹精こめて維持しているもの。みだりに立ち入らぬように

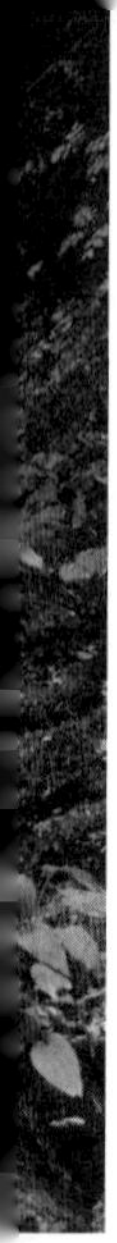

酒呑童子の里と二瀬川探勝路《しゅてんどうじのさととふたせがわたんしょうろ》

京都府

鬼の気配を感じつつ、大江山の山麓を歩く

鬼は『桃太郎』や『こぶとりじいさん』といった昔話にも登場し、子どものころからなじみ深い存在だが、その正体についてはわからないことが多い。ときには単なる悪者なのに、ときには人に福をもたらしてくれる。人が死して鬼に変じるとされたり、鬼＝異人説なんていうのもあり、知ろうとすればするほどその謎は深まるばかり。そんな鬼について専門の博物館があると知り、またその界隈には鬼にまつわる遺構？も残っていると聞き、それらを巡る旅に出た。

博物館があるのは京都府福知山にある大江山の山麓。大江山といえばあの酒呑童子がアジトにしていた山ではないか。こりゃあ気分も盛り上がる。電車を降りたのは京都丹後鉄道の大江《おおえ》山口《やまぐち》内宮《ないく》駅。無人駅だ。県道を少し戻るようにして西へ回りこむと、小さな山を

まるまる境内にしたような立派な神社が見えてきた。これは皇大神社で、元伊勢伝承、つまり伊勢神宮が現在の地に落ち着く前に一時的にここに祀られていたという由緒を持つそうだ。

この神社の麓を辿るように細い道を北上すると、今度は併走する川沿いの崖に天岩戸神社が建っていた。こちらは崖の大岩にへばりつくような神社で、お参りするには垂らされた鎖を頼りに川の畔からよじ登らなくてはならない。ここまでしてお参りする人なんているんだろうかと上を見上げれば、今まさにご夫婦らしきふたりが参拝の真っ最中。いやはや信仰の力というか御利益の力はたいしたも

(上写真)皇大神社の西を流れる宮川沿いを遡っていくと、崖っぷちに現れた天岩戸神社。神社の東側斜面はご神体とされ、古くから人の立ち入りが禁じられてきたことで原生の自然林が残っているという

のである。

　そこからさらに北上を続ける。途中、山々に囲まれた小さな平地までしっかり耕されているのに感心する。県道に合流したところで徐々に標高を稼いでいくと、やがて「二瀬川探勝路」という指導標が立っていたのでそちらへ。

　二瀬川は景勝地として知られ、大岩小岩が積み重なる沢沿いは美しい渓谷美を作りだしている。途中、いくつかの橋を渡り、最後に出てきたのが新童子橋と呼ばれる大きな吊り橋だ。この吊り橋、橋の幅も広く安定してはいるものの高度感はなかなか。さらにこの日は風が強かったせいか揺れが強くてスリリングだ。

　スリリングといえば、ここまで歩いてきた探勝路も一部道が崩れている場所があった。不安を感じたら無理せずに並走する県道を歩こう。クルマの往来はそれほど多くはない。

　新童子橋を渡るといきなり現れたのが「源頼光の腰掛け岩」と称される大岩、そして「鬼の足跡」。源頼光は酒呑童子を退治した張本人だ。彼はときどき都に出没しては悪さを繰り返す酒呑童子を成敗するため、山伏に化けて大江山に向かった際にここで一服したとのこと。また鬼の足跡は、岩に空いた足跡状の大きな凹み。ひとつだけだと「そうなの？」という印象だが、ふたつ並んでいるところに説得力がある。

再び県道へ舞い戻って北上。分岐を左に入ればいよいよ鬼の博物館だ。正式名称は『日本の鬼の交流博物館』。入口に飾られた高さ５ｍにも及ぶ巨大な鬼瓦が迫力だ。館内には日本各地に残る鬼に関する伝説や、伝統芸能に関する資料が充実。また飛鳥時代から現代に至るまで、各時代に作られた鬼瓦の展示も豊富だ。

もちろん『酒呑童子』に関する解説もくわしい。とくに興味深かったのは、「元来、鬼は悪さをするといってもそんなにひどいことをするわけではなく、しかも酒でも飲ませれば酔い潰れてしまう程度の存在だった」という説。つまり人間とはもっと近しい存在だったらしい。なん

新童子橋から続く山道の端に残されていた「鬼の足跡」。ふたつの足跡がガニ股で並んでいる。目測では長さ40～50cmといったところ。しかし岩を穿って足跡を残してしまうあたり、さすがに鬼

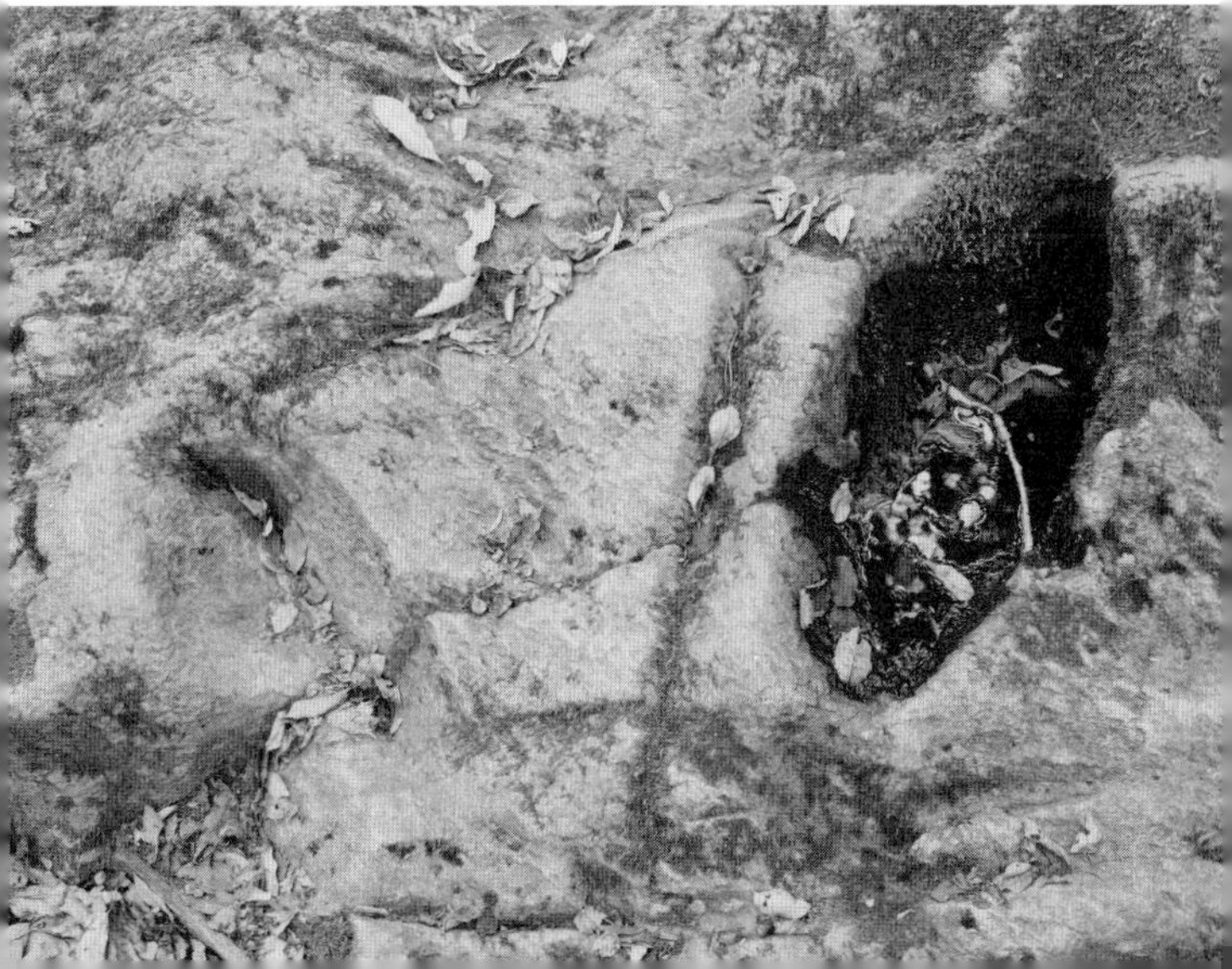

『日本の鬼の交流博物館』手前に展示されている、大江山に向かう源頼光たちの像。源頼光は平安時代の武将。彼らは山伏を装って山中に入り、大江山の鬼を討ったとされる

だか酔っ払ってくだを巻く親戚のおじさんみたいではないか。それをときの為政者たちは、自分たちが命がけで鬼から庶民を守っているというイメージ戦略に利用したのではないかというのだ。なるほど。そうだとすると昔話に登場する鬼のキャラクターが定まっていないのも納得できる。とりあえず悪者を仕立ててレッテルを貼り、それによって自分たちの功績を強調する。現代でも聞く話である。

はたして酒呑童子の実像はどうだったのだろうか。博物館を出て西を見上げる。手前の山並みで視認はできないが、その方向には大江山がそびえているはずだ。そこには『鬼の岩屋』と呼ばれる、鬼た

ちが暮らしていた洞穴もあるそうだ。源頼光らは酒呑童子に毒入りの酒を飲ませ、動けなくなったところで首をちょんぎったが、僕ならそんなひどいことはしないな。土産においしいお酒も持っていく。だからひと晩の宴をともにしてください。「まったく最近の世の中はひどいもんだよ……」なんて愚痴を交わしながら。

『日本の鬼の交流博物館』には、高さ5m、重さ10tにもなる巨大な鬼瓦が展示されている(写真上)。こんなユーモラスな鬼が計13体、この界隈のどこかに散在しているそうだ(写真下)

DATA

⊙モデルプラン：京都丹後鉄道大江山口内宮駅→皇大神社→天岩戸神社→二瀬川探勝路→新童子橋→源頼光の腰掛け岩→鬼の足跡→日本の鬼の交流博物館→大江山口内宮駅

⊙歩行距離：約10km

⊙歩行時間：約3時間半

⊙アクセス：起終点の大江山口内宮駅へはJR京都駅から山陰本線、京都丹後鉄道宮福線を乗り継いで約2時間40分。博物館から駅への帰路は、本数は少ないがバスの利用も可能

⊙立ち寄りスポット情報：皇大神社＝福知山市大江町内宮217。℡0773-56-1011。天岩戸神社＝福知山市大江町仏性寺日浦ケ嶽206。℡0773-56-1102(福知山市役所大江支所)。源頼光の腰掛け岩、鬼の足跡＝℡0773-56-1102(福知山市役所大江支所)。日本の鬼の交流博物館＝福知山市大江町仏性寺909。℡0773-56-1996。9:00〜17:00。月(祝日の場合は翌日)、年末年始休。一般330円

美山かやぶきの里

みやまかやぶきのさと

現役の茅葺き屋根家屋が数多く残る、谷あいの集落を訪ねる

京都府

京都府のほぼ中央に位置する美山町。現在は南丹市の一部になっているが、２００５(平成17)年までは京都府美山町として独立した町だった。ここには現在も数多くの茅葺き屋根家屋が残り、とくに北集落は全約50戸のうち40戸近くが現役の住居として残されているという。京都の家というとどうしても市内の京町家が頭に浮かんでしまうが、実はそんな家並みも残っているのが京都の懐の深さ。

起点になるのは山陰本線の日吉駅。日吉町も美山町と時を同じくして南丹市の一部になった。日吉駅からは「かやぶきの里」行きのバスで北集落へ。北集落にはすでにそんな愛称もつけられているのだ。

バスは谷あいの道を東に向かう。途中で抜ける集落にも茅葺き屋根が点在し、またかつ

（下写真）40戸近くの茅葺き屋根家屋が現役で存続している美山の北集落。屋根の途中がくびれ、屋根上に千木と呼ばれる神社のような装飾が施されているのがこの地方の家屋の特徴だ

ては茅葺きだったと思われる瓦や金属葺きの家々も多い。小一時間走ったあたりで、前方にひときわ茅葺きが密集した集落が現れると終点、北集落に到着だ。

走ってきた県道の南側には美山川が並走して流れ、北側に家々が並んでいる。たしかにその多くが茅葺き屋根で壮観だ。これだけの数がまとまっていて、なおかつ現役の集落を見るのは初めてかもしれない。家々は緩やかな斜面上に建っているため、どこも南側は石垣を積んで水平を取っている。集落の奥に向けて上り坂が続き、背後にはスギが植えられた山が広がる。この先の山をいくつか越えればそこはもう福井県だ。

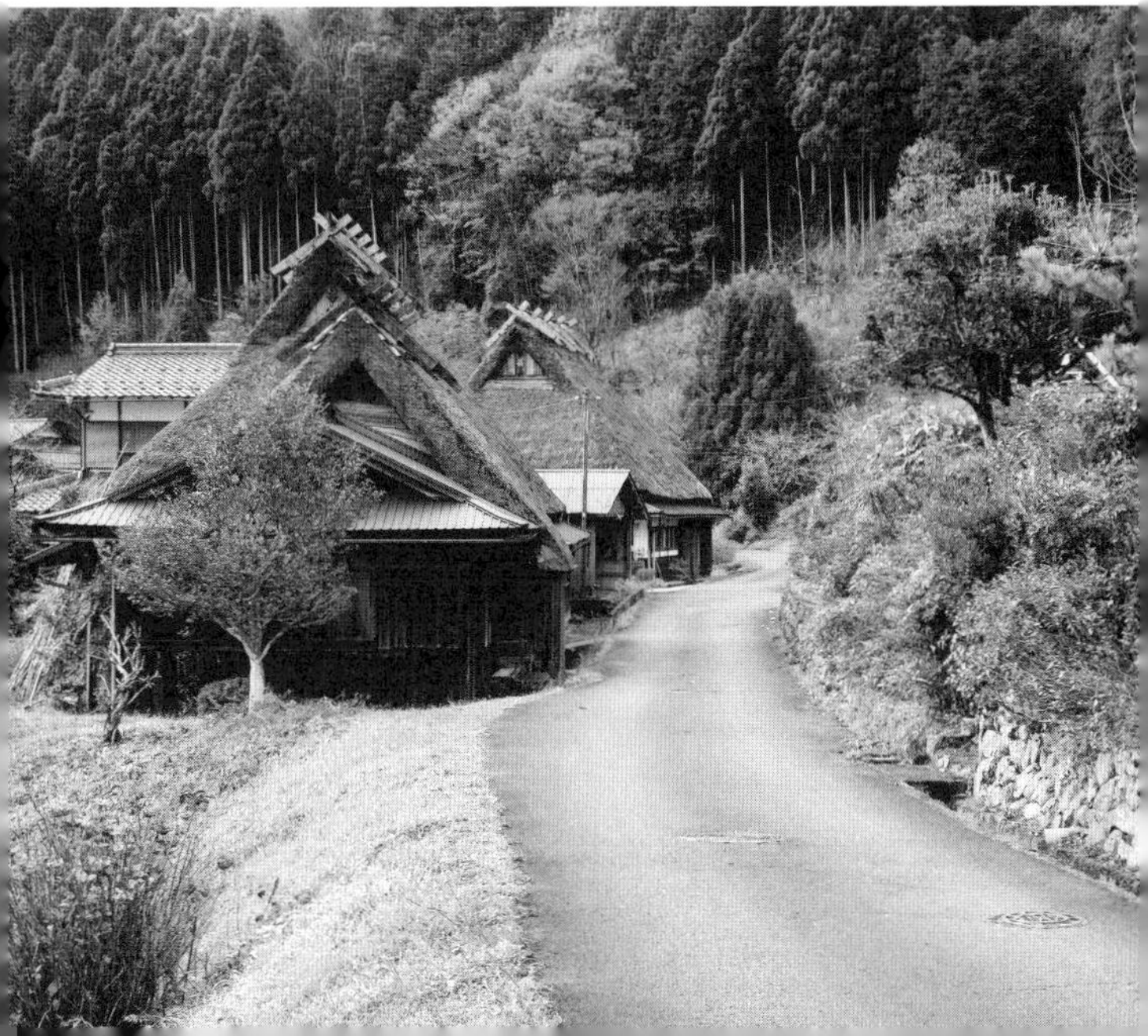

集落に建つ茅葺き屋根家屋の多くは江戸時代に建てられたものだそうで、さすがにどれも重厚感がある。屋根は入母屋造りと呼ばれる構造で、屋根の長辺が上部から斜面になっているのに対し、短辺は途中から斜面を描いている。屋根の上に施された「雪割り」と「千木《ちぎ》」という意匠が特徴的で、「北山型」と呼ばれているそうだ。集落は1993（平成5）年、国の「重要伝統的建造物群保存地区」にも選定されている。

集落にある美山民俗資料館を訪ねれば、そんな住宅内部の様子もつぶさに見学できる。この資料館ももともとは江戸後期に建てられた農家をそのまま使用していたのだが、2000（平成12）年に火災で焼失。残された詳細なデータをもとに復元した。

ある家屋では茅葺き屋根に緑色の苔をびっしりとまとわせていて、なんともいえない美しさ。集落で出会った人に思わず「きれいですねー」と話しかけたところ、どうもそれほど悠長な話ではないようだ。苔がつくと、積もった雪が落ちるときに茅まで一緒にはがれ落ちてしまい、おかげで年々屋根がやせていってしまうのだとか。

屋根の茅というのは、本来は40～50年に一度葺き替えればよかったのに、現在は20年が限度らしい。囲炉裏を使わなくなったのがその理由だそうで、煙で燻されなくなったことが茅葺き屋根の寿命を縮めているのだ。あらためて日本の伝統的家屋の仕組みに感心してしまうが、かといってそのためだけに囲炉裏を維持するのも難しい話だろう。

　集落内をひと巡りしているうちに、自分の歩くスピードがいつもよりずいぶんと遅いことに気づく。風景というものは、人の行動にもなにか影響を与えるのかもしれない。のんびり時間をかけて歩いていれば、当然お腹も減ってくるわけで、県道沿いにある、これまた茅葺き屋根の食堂で集落産の新そばをいただいて別れを告げる。

　川を渡って集落の反対側へ出ると、河原には広大な茅の原が広がっていた。現在は屋根の葺き替えも専門の職人に任せているそうだが、昔はここの茅を利用し

モノクロ写真なのでわかりづらいが、あまり日が当たらない北側の屋根にはコケがビッシリと生えている。風情を感じる光景だが、実際にはこのコケが屋根の劣化を早めてしまうとのこと

て、集落総出で葺き替え作業を行っていたという。

　ここからはなるべく県道を避けつつ歩いて戻る。途中にある安掛《あがけ》集落あたりまでが7㎞ほど。バス停もありちょうどよい距離だ。川沿いを辿り、畦道を歩き、ときには県道に出つつも、周囲は静かな空気に包まれていて気持ちいい。途中で抜けた小さな集落では、おばちゃんが玄関先の掃除をしていたので挨拶を交わす。彼女の家も北集落で見たそれと同様だけれど、屋根だけは瓦葺きに替えられている。どうやって茅を瓦に葺き替えるのか尋ねてみると、茅をはがしたわけではなく、なんとそのまま上に瓦を葺くのだと

集落内にある『美山民俗資料館』では、屋根の内部構造もじっくりと見学でき、工程のひとつひとつが手作業なのがよくわかる。上階の床も本来は竹を並べたスノコ状のものだったそうだ

北集落から歩いて安掛集落に向かう途中で見かけた農作業の風景。
季節はすでに師走に入っていたので、来年に向けての田起こしか。
「雪が積もるのももうじき」と、地元のかたはつぶやいた

か。明らかに柱にかかる荷重は増加しているはずなのに、ビクともしない伝統家屋の強靱さに驚かされる。「うちはそんなに古いほうじゃないけど……」と謙遜しつつ、おばちゃんが教えてくれたその家の建築年は「明治元年」。お見それいたしました……。

DATA

⦿モデルプラン：かやぶきの里・北集落→美山民俗資料館→安掛集落
⦿歩行距離：約8km
⦿歩行時間：約3時間
⦿アクセス：起点のかやぶきの里バス停までは、JR京都駅から山陰本線で日吉駅へ約50分。そこからバスで約55分。終点の安掛バス停から日吉駅までバスで約45分
⦿立ち寄りスポット情報：美山民俗資料館＝南丹市美山町北中牧15。📞0771-77-0587。9:00～17:00（12～3月10:00～16:00）。4～11月無休。12～3月月、年末年始休。一般300円

砥峰高原《とのみねこうげん》

映画やドラマにも登場する、一面のススキ原に覆われた高原を渡る

兵庫県

一面に広がるススキ原。日差しを浴びて銀色に輝くススキの穂。そこに延びる一本の小径。そんななかを歩いたらどれだけ気持ちよかろうと思って辿りついたのが、兵庫県神河町の砥峰高原だった。起点となるのは播但線の寺前駅。そこからバスに乗り継いで終点の川上バス停で下車。山腹に沿う曲がりくねった県道を1時間辿れば砥峰高原に至る。

地形図を確認するかぎりでは、県道の途中から山中へそれて高原に向かう山道があり、そこを歩いたほうが楽しそうだったが、実際に分岐まで行ってみると「路面崩壊により通行止め」の看板が。一瞬悩むが、もし本当に通れない状態だったら引き返すのに大きく時間をロスしてしまう。県道を歩いても時間的にはそれほど変わらないだろう。自動車の往来が落ち着かないが、ここは素直に県道を歩いていく。

砥峰高原には、関西でも有数のススキの草原が広がっている。日差しを透かしたススキの穂が輝き、それらが風に拭かれていっせいに波打つ様子はなんとも美しく、日本の秋を象徴する風景のひとつだ

この山道について後で地元の人に尋ねてみたところ、これは県道が開通する以前は砥峰高原へ至る唯一の道だったそうで、彼も子どものころには歩いたというが、県道開通以降は歩く人もなく荒れてしまったらしい。各地で次々と新しくきれいな道が造成されるが、そのいっぽうで人知れず消えていく道も少なからずあるということだ。

それまで登り一辺倒だった道が急にフラットになり、樹林に覆われていた風景が一変する。砥峰高原へ到着だ。穏やかに、そして波打つような起伏に富んだ地形が延々と広がっている。樹木は少なく、広がるのは茫漠たるススキ原。それが風

にたなびき、さながら銀色の波が寄せては返すようだ。標高800mの山のなかに、いきなりこんな絶景が90ヘクタールにわたって広がっているのはいったいどうしたことなのか。

この特殊な地形は、地中の水分が凍ったり溶けたりを長い年月繰り返すことで形成され、専門的には周氷河地形と呼ばれるものだそうだ。国内ではとても珍しく、海外ではアイスランドの国土ほぼすべてが周氷河地形らしい。

ここで育つススキは、もともとは茅葺き家屋の屋根材などに利用されていた。用途がなくなった今日でも、景観維持のために年に一度は山焼きを行っていると

(上写真)高原内には周遊ルートが整備されており、比較的軽装でも散策を楽しむことができる。そのいっぽう、ルート以外の場所は立ち入り禁止。この光景を維持するのには毎春の山焼きが欠かせない

のこと。雑木林もそうであるように、自然景観というのはときに人間生活と密接につながっているものなのだ。

人工物がほとんど見られないのも特徴で、そのせいか映画やドラマのロケ地として使われることも多い。近年ではＮＨＫの大河ドラマ『軍師官兵衛』や、映画『ノルウェイの森』の舞台にもなったそうで、そうなれば当然観光客も多く、駐車場もいっぱいだ。

高原内には一周３kmほどの散策コースが設定され、そこを歩けば十分満喫できそうなものだが、やっぱりそれだけではもの足りなくなる。「せっかくここまで来たのだから……」というこの気持ち。貧乏旅行ならぬ旅行貧乏性とでも呼ぶべきか。

そこで選んだルートは砥峰高原をそのまま南下し、隣接する峰山高原方面へ。途中から沢沿いに登山道を下ってバス停のある上小田集落を目指すというもの。砥峰高原にあった自然交流館のおじさんにコースを確認すると、とくに厄介な場所はないようだったが、ただ「今な。このへんメチャクチャおるで、クマ！」と脅かされる。ハイ。クマ除け鈴を鳴らし、歌でも口ずさみながら行くとしましょうか。

そういいながらも、実際に選んだコースは山中に延びた舗装路で、ときおり自動車も通る道。これではクマに出会うほうが難しいだろう。周囲は一面のススキに包まれていて、ここもまた、さながらススキの回廊といった趣だ。下り基調が続いていたなか、再び道が登りだすと左へと登山道の分岐が現れた。これが上小田集落への道だろう。

石積みの水路に沿った風情ある道は、その先でスギ林のなか急激に高度を落としていく。途中にある黒岩の滝までは指導標もしっかりしていたが、そこからは木に結ばれた色テープを頼りに注意深く下っていく。部分的に路肩が崩れてしまっているところもあるので要注意だ。

途中、ずいぶん古そうな指導標に出会う。砥峰高原の手前で見つけた道同様、もしかしたらここも昔はもっと多くの人

道は水路沿いの苔むした道へと続いていた。ここから先の道は歩く人も少ないのか、次第に荒れ気味になっていった。初めて歩く道では、このくらいのことでもちょっとドキドキしてしまう

頼りなかった道筋が古い林道にぶつかり、やがてその先にしっかりとした舗装道が見えてきた。こうなったらなったで、「もうおしまいかぁ」と思ってしまうのだから不思議なものである

に歩かれていたのか。けれど先ほど歩いてきた舗装路ができたことで、今ではあまり使われなくなったのかもしれない。

やがて登山道の奥にセンターラインが引かれた車道が小さく顔を見せた。山歩きのときはいつもそうだが、ちょっとホッとして、ちょっと寂しさを感じる瞬間だ。

DATA

⊙モデルプラン：川上バス停→砥峰高原→黒岩の滝→上小田バス停
⊙歩行距離：約11km
⊙歩行時間：約4時間
⊙アクセス：起点の川上バス停へは、JR神戸駅より山陽本線、播但線を乗り継いで寺前駅まで約1時間45分。そこからバスで約30分。終点の上小田バス停からは寺前駅までバスで約25分
⊙立ち寄りスポット情報：砥峰高原＝神河町川上801。℡0790-31-8100(とのみね自然交流館)

金剛山と千早赤阪村

こんごうさんとちはやあかさかむら

大阪府

大阪府民のソウルマウンテンと大阪府唯一の村を巡る

金剛山は大阪と奈良の県境に位置する山だ。最短ルートを選べば3時間もあれば往復できるとあって、週末は多くのハイカーで賑わっている。小学校の遠足で登ることも多いそうで、大阪府民にとってはまさに「マイ・ソウルマウンテン」なのかもしれない。なんだか東京の高尾山にも似た親近感を感じ、朝寝をした日の午後にのんびり歩いてみることにした。

南海電鉄の河内長野駅からバスで登山口へ向かう。ビルが並ぶ駅前を発車した車窓の風景は、すぐに山また山へと変わっていく。大阪府で唯一の村である千早赤阪村に入ったあたりだろうか。ここは1956（昭和31）年に千早村と赤阪村が合併して発足した村だそうで、平成の大合併時には近隣の富田林市などとの合併話もあったが、詳細で合意できずに中止。その後、河内長野市とも話が持ち上がったものの、それも議会で否決されて撤回、今日に至るそうだ。旅人の身勝手ではあるけれど、大阪のような大都市にもひとつくらい村が残っているのはうれしいものだ。

金剛山を目指すには、金剛山登山口バス停または終点のロープウェイ前で下車する。どちらから歩き始めても、金剛山を経て下山する周回コースを取れるが、ガイドブックにはたいてい登山口バス停からのコースが推奨されている。僕もそのコースを選ぶつもりだったものの、いざ登山口バス停に着くと同乗していた数人のハイカーは誰も降りないではないか。もしかして終点から歩いたほうがいいことがあるのだろうか。ここは地元の人の声なきオススメに従い、終点から歩くことにする。

バスを降り、山中に延びる舗装された林道を辿っていく。ここから尾根沿いの伏見峠までは1時間ほどだ。周囲はスギ林に囲まれた静かな道。峠まで半分登ったところで、上空に太いロープが架かっているのが見える。あれが金剛山ロープウェイの架線だろう。「ロープウェイ前」というバス停名からもわかるように、本来ここには村営のロープウェイが通っているのだ。しかし2018（平成30）年に発生した大阪府北部地震後の耐震診断で駅舎の強度不足が判明し、それ以来運休になってしまった。いずれは復旧するだろうと期

スギ林のなかを歩き続けること小一時間。周囲に低木が多くなり、それまで急だった登りが平坦になると、その先に伏見峠が待っていた。道に轍はついているが、一般車輌は進入禁止

待していたが、2021（令和3）年、予算不足により独自運営を断念とのこと。なんとも残念な話だが、村の財政でというのは簡単ではないのだろう。

そのあたりから道の傾斜は非常に急になる。舗装されているとはいえ、非力な自動車では登りきれないのではないかと心配になるほどだ。そんな道もやがて穏やかになり、空が広くなってくるとそこが伏見峠だった。

伏見峠からは北へ延びる尾根沿いに金剛山へ。尾根上にはキャンプ場や休憩場が整備され、ロープウェイが動いていたころは、気軽にやって来られたことがうかがえる。

尾根に建てられた葛木神社の鳥居。葛木神社、そして隣接する転法輪寺は、今から1300年ほど前に役行者によって建立されたと伝えられる。金剛山は神仏混淆の霊山なのだった

大阪府の最高地点表示を横目に進むと、苔むした鳥居が登山道をまたぐように立っていた。この先で待つ葛木神社の鳥居だ。道沿いには樹齢500年といわれる仁王杉なども現れて、次第に厳かな雰囲気が漂ってくるなか、右手の急な石段を登ったところに葛木神社はあった。

社殿の前には「金剛山頂」の標識が掲げられているが、地理的な頂上は拝殿の奥にある小高い一角らしい。しかしそこは神域で一般人の立ち入り不可。そんなこともあってか、さらに歩いた転法輪寺の向こうにある国見城址が、展望が効くこともあって山頂と見なされているようだ。行ってみると、たしかにそこにも「金

剛山頂」と大書きされた山名標が立てられていた。

　金剛山といえば有名なのが、回数登山のメッカということ。実際に山頂近くには登頂を証明する捺印所も設けられている。傍らには、これまでに200回以上登った人の名前がずらりと掲げられている。ちなみに一番登っている人はと一覧表のトップを目で追っていくと、そこには「1万5000回以上」というとんでもない数字が書かれていて驚嘆。毎日登っても40年以上かかる計算だぞ。いったいどうやってと思ったら、聞けば過去には一日何回登ってもそのたびにカウントされたそうで、そうでなければこの記録

葛木神社へ向かう尾根沿いに古い道標があった。書かれているのは、「右　よしの（吉野）、かうや（高野）　左　いせ（伊勢）、なら（奈良）、ごせ（御所）」だろうか。この地の歴史を感じさせる

は難しいだろう。実際に、一日に十数回登頂したという記録もあり、それはそれですごい数字ではあるのだけれど。

山頂からは一気に標高を下げていく。登山道はほとんどが階段状に整備されており、たしかにこれなら足元が悪い日でも安心して登ってこられるだろう。ガイドブックがこの道を勧めるのは、頂上への最短往復コースであるとともにこの整備具合も理由のひとつかもしれなかった。

金剛山山頂近くに掲げられている登拝者名の一覧。トップに書かれた「壱万五千回以上」の文字に度肝を抜かれる（写真上）。登拝回数を証明するために、ちゃんと捺印所も設けられている（写真下）

DATA

⦿モデルプラン：ロープウェイ前バス停→伏見峠→葛木神社→国見城址（金剛山山頂）→金剛山登山口バス停
⦿歩行距離：約7.5km
⦿歩行時間：約4時間
⦿アクセス：起点のロープウェイ前バス停へはなんば駅から南海高野線で河内長野駅まで約30分、そこからバスで約40分。終点の金剛登山口バス停から河内長野駅まではバスで約30分
⦿立ち寄りスポット情報：金剛山葛木神社＝千早赤阪村千早1009-2。℡0721-74-0005。国見城址は展望も利き、休憩に最適。転法輪寺の近くには茶屋もある

茶源郷《ちゃげんきょう》・和束《わづか》

丘陵地帯をうねるように埋めつくす茶畑をさまよう

京都府

京都といえばお茶の名産地。そして京都のお茶といえば宇治茶である。これまで知らなかったのだが、宇治茶というのはてっきり宇治市で生産されたお茶のみを呼ぶのだと思っていた。しかしそうではなかったのである。宇治茶の故郷を歩いてみたいと考えてあれこれ調べてみると、宇治茶は、宇治市はもちろんのこと、京都府、奈良県、滋賀県、三重県など、宇治市を中心としたさまざまな地域で生産された茶葉を、宇治に由来する製法で仕上げたお茶の総称なのだそうだ。たしかに宇治茶というブランドイメージを考えると、宇治市で生産している茶葉だけでは、とても需要をまかないきれないかもしれない。

では実質的に宇治茶を一番生産しているのはどこかというと、その故郷は宇治市よりさらに南に位置する京都府の和束町だった。宇治茶全体の半分近いシェアを占めているとい

うからすごい。最近では、和束町は桃源郷ならぬ「茶源郷」なんていう呼ばれかたもしている。茶源郷、そそられるではないか。桃源郷よろしく、ぜひともそんな茶源郷に迷い込んでみたいものだと考えて、和束の町を訪ねた。

和束町に鉄道は通っていないが、直近の加茂駅からバスに15分も乗れば和束に到着だ。伝説の桃源郷にくらべたら簡単なものである。バスを降りると目の前に和束川の清流が流れ、その向こうには広大な茶畑が現れて感動する。お茶は起伏に富んだ丘陵地に栽培されており、その様子はまさに「うねっている」と表現するにふさわしい。しかも素人目に見ても

(上写真)バスを降りて少し歩くと、川沿いに磨崖仏が迎えてくれた。巨大な御影石に彫られたこの立像の背丈は約7m。「正安2(1300)年」の銘があり、地元では「長井の弥勒さん」と親しまれているそうだ

しっかりと手入れが行き届いているのがわかる。どの茶畑もきれいに刈りそろえられ、甲子園球児の頭のような趣だ。

茶畑には軽トラックが通れる程度の道がいくつもつけられているので、そんな道をあちこち気ままに歩いてみる。丘陵を渡る道は数十m程度のアップダウンを繰り返していて、たいして時間がたたないうちに全身がじっとりと汗ばんでくる。高台まで登りきれば、それまで辿ってきた道が足元に遠く延びている。

どこまで歩いても、お茶の木はきれいに手入れされていて美しい。季節的には収穫の時期ではないはずなのに、なんでこんなにそろえられているのか不思議だ。たまたま出会った農作業中の女性に尋ねてみると、お茶の木を野放図に育つがままにしておくと、それぞれの枝が好き勝手に育ってしまい、結果、新茶を収穫する際に不具合が生じてしまうとのことだった。

なだらかな起伏を描いて広がる和束の茶園。その美しい光景に、素人目にもていねいに育てられているのがわかる。いわゆる「宇治茶」の半分近くが、この和束で生産されているという

そのいっぽう、床屋に半年も行ってないようなボーボーの茶畑もあったので、てっきりこちらはズボラな農家の畑なのかなと想像したら大違い。そこは今でも一葉ずつ手摘みで収穫している畑で、品評会に出展するようなとびきりのお茶を育てているのだった。

ちなみにこんな斜面の畑によく機械を入れられるなと感心していたら、やはり大型の収穫機械は入れられず、畝を挟むようにふたりひと組で動力機械を運び、スライドさせながら刈っていくとのこと。動力つきとはいえ機械自体の移動は人力なのね。

そんな茶畑の一画にも小さな田んぼや畑があった。ささやかながらお米や野菜も作ってはいるそうで、けれどもそのほとんどは自家用。たしかにお茶だけではお腹はふくれないものな。そしてそちらの田畑には、昨今では全国共通仕様ともいえる害獣よけの電気柵が張られているのに対し、これまで

見てきた茶畑はなにも施されていなかった。さすがにイノシシやシカもお茶は渋くて手を出さないのかと思ったら、最近、シカがお茶の新芽をかじるようになってきたという。どうやらシカも新茶の美味しさを覚えてしまったようだ。

もう少し東の茶畑まで足を延ばしてみようと歩きだすと、畑のなかにいきなりいにしえのお墓が現れた。これは聖武天皇の皇子である安積《あさか》親王の陵墓だそうで、墓前には宮内庁による高札が掲げられていた。茶畑のなかにさらりとある歴史的人物の埋葬地。いかにも京都だなあ。

しばらく歩いて辿りついた原山集落には、通称円形茶園と呼ばれる茶畑があっ

ある茶園の一番上にポッコリとした茂みがあった。なんだろうと登ってみると、これは安積親王の陵墓。安積親王は聖武天皇の皇子。736(天平8)年、わずか17歳で逝去したとのこと

原山集落の円形茶園。微妙なカーブを描きながらも、整然と連なる茶畑の美しさに感動する。手入れも容易ではないだろう。和束で一番始めに茶が育てられたのがこの原山らしい

た。これぞ斜面の小さなスペースに、よくぞここまで茶畑を育てたものだという密集感。「これはね、実は現代美術の作家が作り上げたアートなんですよ」といわれても「ほほう、なるほどー」としたり顔で応えてしまいそうなくらい、そこは特別な存在感を放っていたのだった。

DATA

⊙モデルプラン：和束長井バス停→和束川沿いの遊歩道→弥勒磨崖仏→茶畑→安積親王陵墓→円形茶園→原山バス停
⊙歩行距離：約9.5km
⊙歩行時間：約3時間半
⊙アクセス：起点の和束長井バス停へはJR京都駅から奈良線、関西本線を乗り継ぎ加茂駅まで約1時間、そこからバスで約15分。終点の原山バス停から加茂駅まではバスで約25分
⊙立ち寄りスポット情報：弥勒磨崖仏＝和束町白栖。和束町観光案内所＝和束町釜塚京町19。℡0774-78-0300。9:00〜17:00。年末年始休

稲美のため池王国

全国のため池の2割が密集する土地で、のんびりとため池を巡る

いなみのためいけおうこく

兵庫県

兵庫県の地形図を眺めていて、東播磨地方でいきなり目が釘づけになった。そのエリアは基本お米がどっさり収穫できそうな田園地帯で、地形図上には水田の地図記号とそこを交差する農道、そしてため池が表記されているのだが、そんななか、ため池の数が異常なほど多いのだ。なんだこれは。こんなにため池ばかりを造ったら、逆に耕作地が圧迫されてしまうんじゃないのか。ちょっと調べてみると、東播磨地方は全国に21万ヶ所あるため池のうちの4万強、約2割が集中しているという、まさにため池王国なのだった。これは実際に歩いてみねば。

起点となるのは大久保駅。ここから路線バスに乗って新々田というバス停下車。少し歩けば最初のため池となる手中池まではすぐだ。周囲を取り囲む築堤を駆け上れば、その向

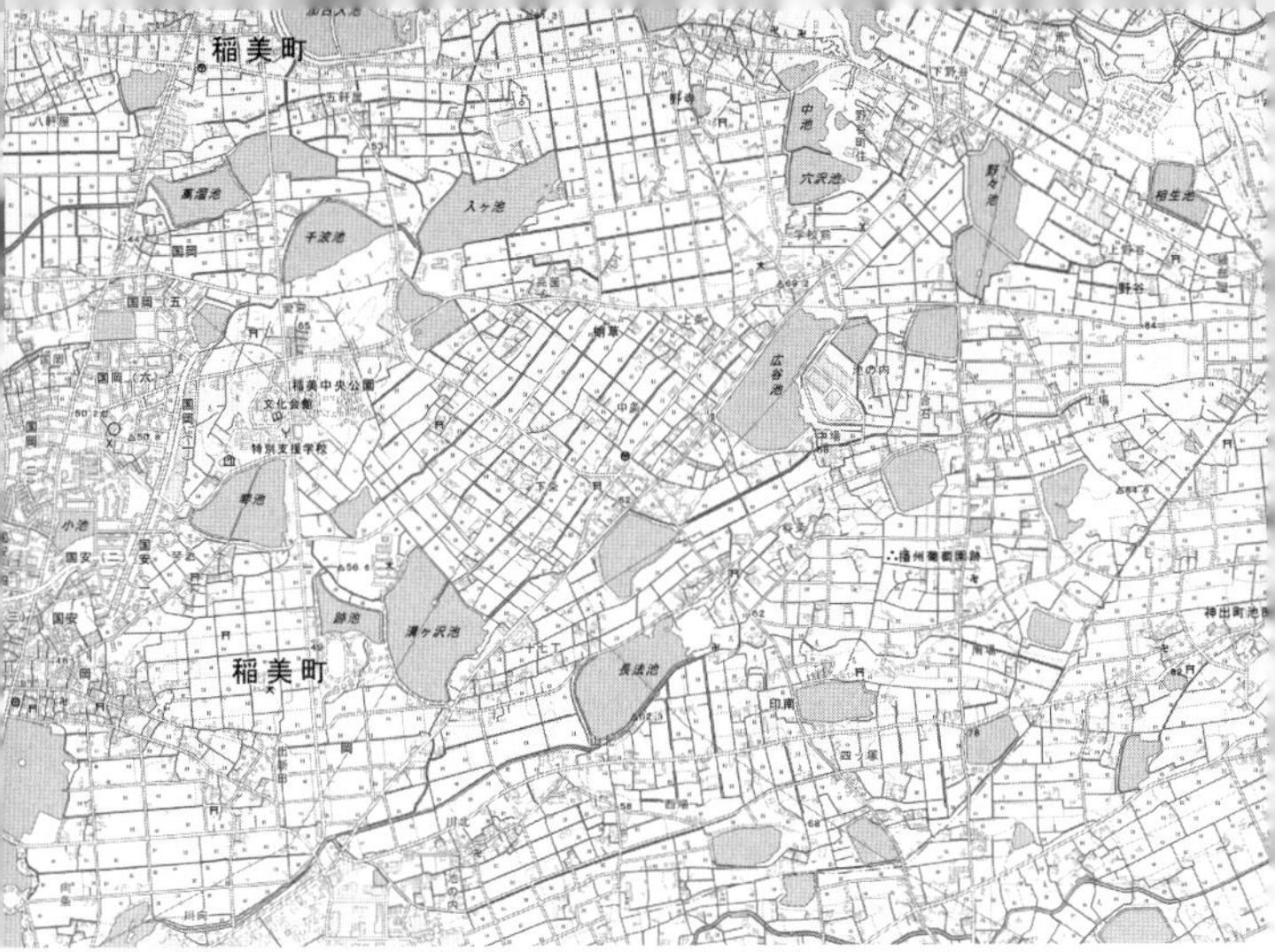

国土地理院の地形図で稲美町を眺めてみると、ため池の多さに驚かされる。どうしてこんなにもため池があるのか。そしてそんな風景を実際に見てみたい。ため池を巡る徒歩旅行が始まった

こうには想像していたよりずっと大きな水面が広がっている。ため池という名前からせいぜい田んぼ一枚ぶんくらいの大きさを想像していたが、これはケタ違いだ。そしてこの後知ることになるが、この池が特別大きいわけではなく、このエリアに存在するため池はどれもみんなこんなサイズ。これがスタンダードな大きさなのだった。

　ここから次に目指したのは葡萄園池。葡萄園池とは不思議な名前だけれど、これにはちゃんと意味があって、実はこの地で明治時代に国産のワインおよびブランデーを製造した歴史があり、このため池の名前はそれに因んでいるのだ。とは

いってもそのブドウ園の存在は長らく文献にしか記録がなく、幻扱いだったものが平成に入ってから田んぼの整備事業を行ったところ、地中からレンガ造りの醸造所跡地やボトルがゴロゴロ発掘されたのだとか。まさに日本の近代産業遺跡であり、現在は国の史跡にも指定されているという。

残念ながら葡萄園自体は度重なる病虫害や冷害などによってうまくいかず、やがて終焉を迎えてしまったそうだ。現在葡萄園池から少し離れた場所には、発掘品などを展示する『葡萄園歴史の館』があり、その傍らには当時を偲ぶようにワイン用ブドウ品種『マスカットベーリーA』が植えられていた。

葡萄園池からは次の広谷池へ向かったのだが、ここでけっこう道選びに悩む。当初、田んぼのなかの道なんて碁盤の線のようなものだろうと、安易に考えていたのが間違いだった。このあたりの田んぼ、そして道筋は昔ながら道型をそのまま残しているのか、縦横ばかりでなく斜めだったり微妙にカーブを描いていたりと、なかなかわかりにくいのだ。周囲はみな田んぼばかりで目標となるものも少ない。ため池自体を目標にすればいいと思うかもしれないが、ため池はどれも周囲を築堤に囲まれていて遠望できないのだった。

農作業中のおばちゃんに尋ねたり、遠くに見える看板をカメラの望遠レンズでのぞいた

まず訪れたのは「手中池」。想像以上に広大なため池が広がっていた。ここに限らずどのため池にも名前がつけられ、その名前が大きく表示されているのが、いかにもため池王国らしい

りして、ようやく広谷池に到着。築堤から池を見下ろしてみると、池の向こう半分ほどの水面になにか構造物が設置されているのに気づく。なんだなんだと再び望遠レンズでのぞきこんでみると、それは一面に敷きつめられたソーラーパネルだった。なるほど、これが現代のため池運用法のひとつなのかと感心するいっぽう、水中に太陽光が届かなくて自然環境的に大丈夫なのかと心配もしてしまう。

ここからはさらに西へ向かい、琴池、仙波池、萬溜池と、次々にため池を辿っていく。それぞれの池にちゃんと名前がつけられているのにも、この地域とため池の浅からぬ歴史を感じる。そしてため

池の周囲には、田植えを終えたばかりの美しい田んぼたち。かつては日本のどこでも見られていた初夏の光景だ。

最後に辿りついた天満《てんま》大池は兵庫県で最も古いため池で、その成り立ちは白鳳3年、西暦にすると675年というから驚きだし、そんな記録が残っているのがもっと驚きだ。大化の改新が起こり、日本が律令国家への道を歩み出してまだ間もないころだ。逆をいえば、その当時からこの地はため池が必要とされるくらい水には困っていたということ。そもそもなんでこんなにため池が多いのかといえば、この地は瀬戸内海性気候で雨が少ないことに加え川にも恵まれず、川から農

どっちを向いても田畑しかない風景のなかで、目的のため池を目指すのは想像以上に大変だった。地図を何度も確認し、ときには農作業中のおばちゃんに尋ね、うろうろと歩き回る

最後に訪れた天満大池は兵庫県で二番目の大きさを誇る。隣接する天満神社の秋祭りでは、町を練り歩いた後に五穀豊穣を願って神輿をこの池に投げ込む「水上神輿渡御」という神事が行われる

業用水を引くのにも地形的な困難が伴ったそうだ。

甲子園球場の約8・5倍の大きさを持つ天満大池。この池では、外来植物の侵入などによって一時は水生植物のアサザが絶滅寸前まで追い込まれていたが、地域住民の活動によって復活しつつあるという。

DATA

⦿**モデルプラン**：新々田バス停→手中池→葡萄園池→広谷池→琴池→仙波池→萬溜池→天満大池→JR土山駅
⦿**歩行距離**：約15km
⦿**歩行時間**：約5時間
⦿**アクセス**：起点の新々田バス停へは、JR神戸駅から山陽本線にて大久保駅へ約30分、そこからバスで約25分。終点の土山駅からは、JR山陽本線で神戸駅へ約35分
⦿**立ち寄りスポット情報**：葡萄園歴史の館＝稲美町国安1286-55。℡079-492-3770。10:00〜16:00。月、年末年始休

半日徒歩旅行の心得④

道迷いの誘惑

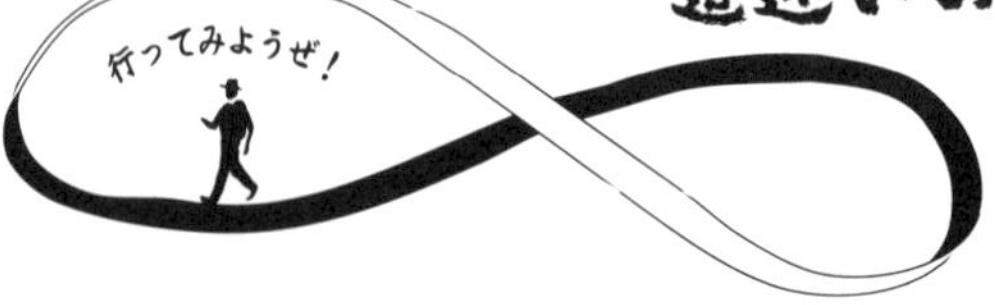

山歩きでの道迷いは絶対避けるべきだが、それほどリスクのない人里ならどうするか。もちろん正解は「来た道を戻って修正する」だが、そんなときつい「この道はどこにつながるんだろう?」、そして「行ってみようぜ!」と悪魔がささやくことがある。

152頁で紹介した『酒呑童子の里と二瀬川探勝路』のときもそうだった。本編では最寄りの大江山口内宮駅から博物館を目指す往復コースとして紹介したが、当初ここは周回コースにするつもりだったのだ。

博物館を後にして、北上してきた県道をさらに北へ。途中には宮津街道の旧道も現れてなかなかいい雰囲気。地形図には東へ下る細道が描かれている。これを下ればやがて辛皮集落へ。そこには辛皮駅もある。美しい周回コースの完成だ。

ところが入り込んだ細道は、次第にうつろになり倒木もひどくなってきた。引き替えそうかとも思ったが、ここで例のささやきが。林道分岐点から辛皮駅までの標高差は200m。距離も3㎞ほど。分岐の手前には民家があったし、目指す場所にも集落がある。地元住民に歩かれているはずと先へ進む。

しかし道はさらに荒れ、小沢に橋はなく、靴を脱いで渡渉。辛うじて、道端の古い石積みがこの道の素性、つまり昔から使われてきた道だと教えてくれる。道が平坦になったところで、最後に深い薮をかき分けると民家が。辛皮集落に到着したのだった。

これではとても紹介できない。悪魔のささやきにはくれぐれもご用心を。

第5章 時代を巡る徒歩旅行

日本最古のトレイルから、歴史上の人物が辿った古道、
そして多くの庶民が歩いた巡礼の道。
過去と現在を結ぶ道を辿ってみよう。

極楽橋駅から古道「京大阪不動坂」を辿って高野山へ入る。金剛峯寺を参拝した後、山上集落を抜けていよいよ奥之院を目指すと、周囲には20万基のお墓とスギの古木が取り囲んでいた

吉野山と熊野へ至る道

季節外れの桜の名所を歩き、はるか熊野へと続く古道を望む

よしのやまとくまのへいたるみち

奈良県

吉野といえば、南北朝時代に後醍醐天皇が南朝を置いて日本の中心となったほか、百人一首にも登場するし、豊臣秀吉が盛大な花見を催したことでも有名だ。秀吉の花見以来、吉野は桜の名所として知られ、一説によるとその数は3万本にも及ぶという。しかもその桜たちは花見のために植えられたのではなく、この地が修験道の開祖・役行者にちなむことから、ご神木として全国から寄進されたそうだ。

本来ならばそんな桜の季節に訪れてみたい。しかし盛期には全山にわたって大変な賑わいを見せ、交通規制まで入るとあっては、さすがに静かな徒歩旅行は望むべくもない。季節を少しずらし、桜の新緑が美しい初夏に歩いてみることにした。

近鉄の吉野駅を下車するとすぐ先が吉野ケーブルの千本口駅だ。これに乗れば標高約

300mの吉野山駅までは3分ほど。この乗り物、吉野ケーブルと呼ばれているのでてっきりケーブルカーだと思っていたら、いざ乗ってみるとなんとロープウェイ。28人乗りのかわいいサイズだ。1928（昭和3）年に運行を開始したというから、もう90年以上の歴史を持っている。架線を渡しているロープウェイの支柱もいい具合に錆びていて、いろんな意味でドキドキする。

吉野山駅を下りると眼前に黒門が立ち、そこからは尾根筋に沿って長い参道が延びている。吉野山というのはここから大峯山脈へと続く約8㎞の尾根の総称。春には花見客でいっぱいの参道も、この季

黒門を抜けると道端には飲食店や土産物屋など、さまざまな店が立ち並んでいる。黒門は吉野山の総門にあたり、ここから先は身分の高い者でも籠や馬から下りなければならなかったという

節は静かなもの。参道沿いに並ぶお店もやっていたりいなかったり。軒先には名物の吉野葛を使った葛餅や葛湯の看板が並ぶが、そんななかからお弁当として柿の葉寿司を購入。これは吉野山というか、和歌山の名物だ。

お弁当をリュックに詰め、まず訪れたのは吉野山の総本山ともいえる金峯山寺《きんぷせんじ》。役行者が開基したとされる古刹で、7世紀後半に建てられたとのこと。古くより山岳信仰の聖地として名高く、平安時代から多くの皇族や貴族たちも足を運んだという。

当初は参道を歩いた後に足元を流れる丹治川まで下って、川沿いに吉野駅まで

(上写真)金峯山寺本堂。蔵王堂とも呼ばれ、修験道の霊場である吉野の中心的存在だ。平安時代から焼失と再建が繰り返され、現在のものは1592(天正20)年に建てられたものという。国宝指定

戻るつもりだったのだが、ここで指導標に書かれたある文字が視界に飛び込んできてしまった。その文字とは「大峯奥駈道《おおみねおくがけみち》」。そう、ここ吉野は紀伊半島にいくつも延びる熊野古道のひとつ、大峯奥駈道の起点であり終点だ。六つある熊野古道のなかでも難易度が高く、修験道で最も重視されているとも聞く。１９００ｍ級の峰々を越える約80㎞の道のりは、とうてい半日徒歩旅行でくれるものではなく、今回はスルーするつもりだったのだ。

しかし実際に大峯奥駈道という文字を目の当たりにしてしまうと、歩いてみたいという気持ちが抑えられなくなる。ならば半日で歩けるだけ。ちょっとだけのぞかせてもらうことにしよう。あらためて地図を広げ、適当な目的地はと探してみると、目についたのが金峯神社。そこまでならここから2時間半もあれば往復できるだろう。

さっそく地図を元に道を辿る。道は登り基調で続くものの、舗装されていて歩きやすい。九十九折りで次第に標高を上げていくなか、ときどきポツポツと民家が姿を現す。どれも歴史を刻んできたことがわかる木造家屋で、軒先に洗濯物が干してあるのをみると今も現役で人々が暮らし続けているのだろう。7世紀には修験の道として成立していたというこの道沿いに、彼らの先祖はいったいいつから暮らしていたのだろうと想像は膨らむ。

途中、吉野水分《みくまり》神社を過ぎたあたりから鬱蒼としたスギ林に囲まれ、吉野のもうひとつ

の名物が吉野杉だったことを思い出す。樹上からこちらをうかがうカラスと目が合ったとき、思わずカラスの足元に目を向ける。熊野へ至る道ということで、熊野大神の神使、三本足の八《や》咫《た》烏《がらす》がつい頭に浮かんでしまったのであった。

　やがて前方に現れた金峯神社は、その創建の歴史についての詳細は不明なものの、地下に金の鉱脈があると信じられていたのが名前の由来らしい。少し下ったところには、かつて源義経が追っ手から隠れたという「義経の隠れ塔」も再建されている。

　金峯神社から先への道は石畳へと変わり、いよいよ修験の道としての厳かさが

（上写真）金峯神社へ向かう途中、山腹から振り返ると金峯山寺と参道を俯瞰できた。その先には吉野の街並み、山陰で見えないが奈良盆地、そして一番奥の特徴的な山は金剛山地の二上山だろう

にじみ出てくるようだ。石畳へ一歩足を踏み入れ、感触をソール越しに実感。いつかここから熊野までの徒歩旅行へ向かうことを心に秘め、岩に腰をかけて柿の葉寿司の包装紙を解いた。

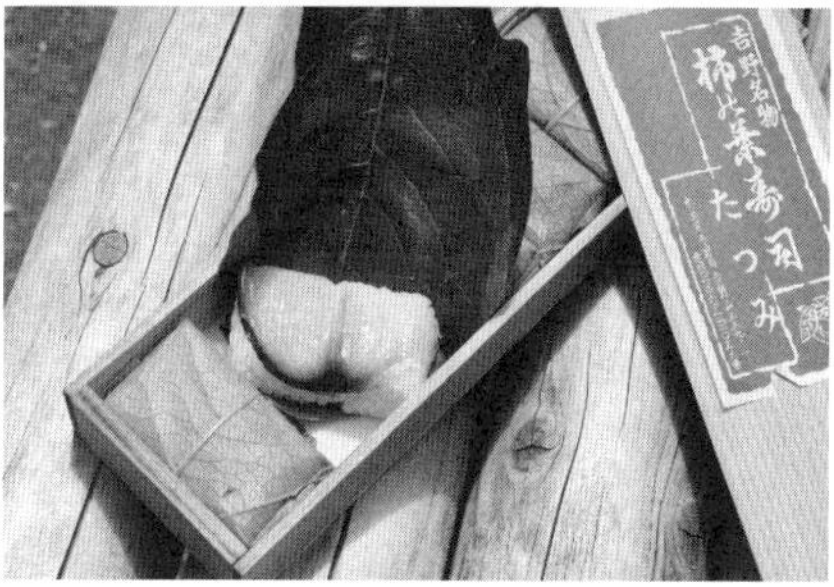

金峯神社から先、路面は石畳に変わっていた。大峯奥駈道と呼ばれるこの道は熊野まで続く(写真上)。そんな道の続きを想像しながら、参道で手に入れた柿の葉寿司をパクついた(写真下)

DATA

⊙モデルプラン：近鉄吉野駅→吉野ケーブル千本口駅→吉野ケーブル吉野山駅→金峯山寺→吉野水分神社→金峯神社→吉野駅

⊙歩行距離：約12km

⊙歩行時間：約4時間半

⊙アクセス：起終点の吉野駅へは大阪阿部野橋駅から近鉄南大阪線、吉野線を乗り継いで約1時間半。吉野ケーブル千本口駅から吉野山駅へは約3分

⊙立ち寄りスポット情報：吉野大峯ケーブル自動車＝吉野郡吉野町丹治207-1。℡0746-39-9254。一般450円。金峯山寺＝吉野町吉野山2498。℡0746-32-8371。8:30～16:00。吉野水分神社＝吉野町吉野山1612。℡0746-32-3012。8:00～16:00。金峯神社＝吉野町吉野山1651

てんくうのしゅうきょうとし・こうやさん

和歌山県

天空の宗教都市・高野山

1200年の時を越えて、今も信仰の中心であり続ける聖地を歩く

日本の仏教で最も歴史を持つ聖地のひとつが高野山だ。平安時代に空海が嵯峨天皇からこの地を下賜されて以来1200年、今日にいたるまで山上の宗教都市として発展を遂げてきた。2004（平成16）年には、『紀伊山地の霊場と参詣道』の構成要素として世界遺産にも登録されている。

高野山へ向かうには、なんば駅から終点の極楽橋駅までまっしぐら。そこからはケーブルカーとバスを乗り継げば容易に到達できるものの、それではちょっともったいない。極楽橋駅からはかつての巡礼者が辿った「京大阪不動坂」と呼ばれる古道を今も歩けるのだ。ここは高野山の歴史に敬意を表し、この道を辿ろうではないか。

極楽橋駅からカジカガエルの鳴き声が響く沢を赤い橋で渡ると、簡易舗装された道が続

いにしえの参拝者に歩かれていた京大阪不動坂を登って、高野山を目指す。この道は平安時代より存在したと考えられている。すぐに現れるのは「いろは坂」と呼ばれる九十九折りの急登

く。古道にしては整備されてるなと思いきやこれは大正4年に再整備されたもので、しばらく歩くと細道が分岐。こちらが昔ながらの京大阪不動坂。この先、簡易舗装道との合流と分岐を重ねつつ高野山を目指す。道は九十九折りの急登が続き、かつて京都や大坂からやってきた参拝者たちが最後に泣かされた難所だったというのがよくわかる。

しかし、ここを越えれば道は次第に穏やかになり、道の名の由来でもある不動堂を越えると女人堂に到着だ。高野山が女人禁制だった時代にも、この女人堂までは女性の参拝が許されたそうで、当時は高野山へ至る七つの道すべてにこの女

人堂はあったが、現存するのはここだけだ。

かくして高野山に入山である。ちなみに高野山というのは、今来峰《いまきみね》や宝珠峰《ほうじゅみね》といった八つの峰々に囲まれた盆地の総称で、高野山という単独の山があるわけではない。蓮の花が開いたようなこの地を仏教の聖地に見立て、ここに金剛峯寺《こんごうぶじ》を開いたらしい。

この地を訪れたならば、まずお参りすべきはその金剛峯寺、そして壇上伽藍だ。とくに壇上伽藍は、弘法大師がここより高野山の造営を始めたという「はじまりの場所」。そこに立つ根本大塔は高さ約50m、30m四方の巨大な塔で、内部には胎蔵大日如来坐像をはじめさまざまな仏像、そして16本の柱にも菩薩像が描かれ、さながら立体曼荼羅の様相を呈している。

ここからは高野山を東西に抜ける県道を歩いて、もうひとつの聖地、奥之院へ。道沿いには多くのお寺が居並ぶが、同様に銀行や消防署といった現代的な建物も連なり、それが山上宗教都市の特異性を感じさせる。そういえば京大阪不動坂を登るときはシトシトと小雨に濡れながらだったのに、高野山に入ったとたんに雨はやみ、雲間から日差しまでこぼれるようになった。この天候の変わりやすさは標高の高い山ならではとわかってはいるものの、それでも聖地ならではの神秘性を感じたくなってしまう。

　道端に食堂を見つけて入る。ここに来たらナマグサ人間の僕でも頼むのは精進料理だ。しかし同時にビールも頼んでしまうあたり、なにか間違ってるな。精進料理は名物の高野豆腐や胡麻豆腐、タケノコやコンニャクなど、どれも植物性の食材。しかししっかり味付けされ、さらにはそれぞれの食感の違いが特徴的なせいか、飽きることなくいただける。

　いよいよ奥之院である。本日の核心部だ。一の橋から奥之院へは約2㎞に及ぶ参道が続いている。そしてこの参道沿いには、織田信長や武田信玄をはじめ、誰もが知る戦国大名の墓所を筆頭に合計20万基ともいわれるお墓が連なっている

（上写真）真言密教の修行中心地として建立された根本大塔。完成したのは弘法大師の入定後40年を経た876（貞観18）年のことだという。これまでに幾度も焼失し、現在のものは1937（昭和12）年に再建された

のだ。その膨大な数はもちろん、苔むした墓石が次第に周囲の地面と同化しつつある光景は、荘厳ということばが相応しい。墓地というとちょっと怖いイメージがあるが、ここはそんな恐怖感さえも超越してしまっている。

そしてその奥に鎮座するのが弘法大師の御廟《ごびょう》だ。この場所は弘法大師自らが定め、835（承和2）年に入定されたそうだ。入定ということばはあまり耳慣れないが、仏教用語で「永遠の瞑想に入る」という意味を持つ。つまり弘法大師は亡くなったのではなく、今も瞑想中なのだ。それを証明するように、以来1200年間にわたって一度も絶えることなく、一

一の橋から奥之院へと続く参道。樹齢約700年のスギ木立のなかに、諸大名をはじめとする約20万基のお墓が連なる。実際に戦った大名たちが仲よく並んで眠っているのは、なんだか微笑ましくもある

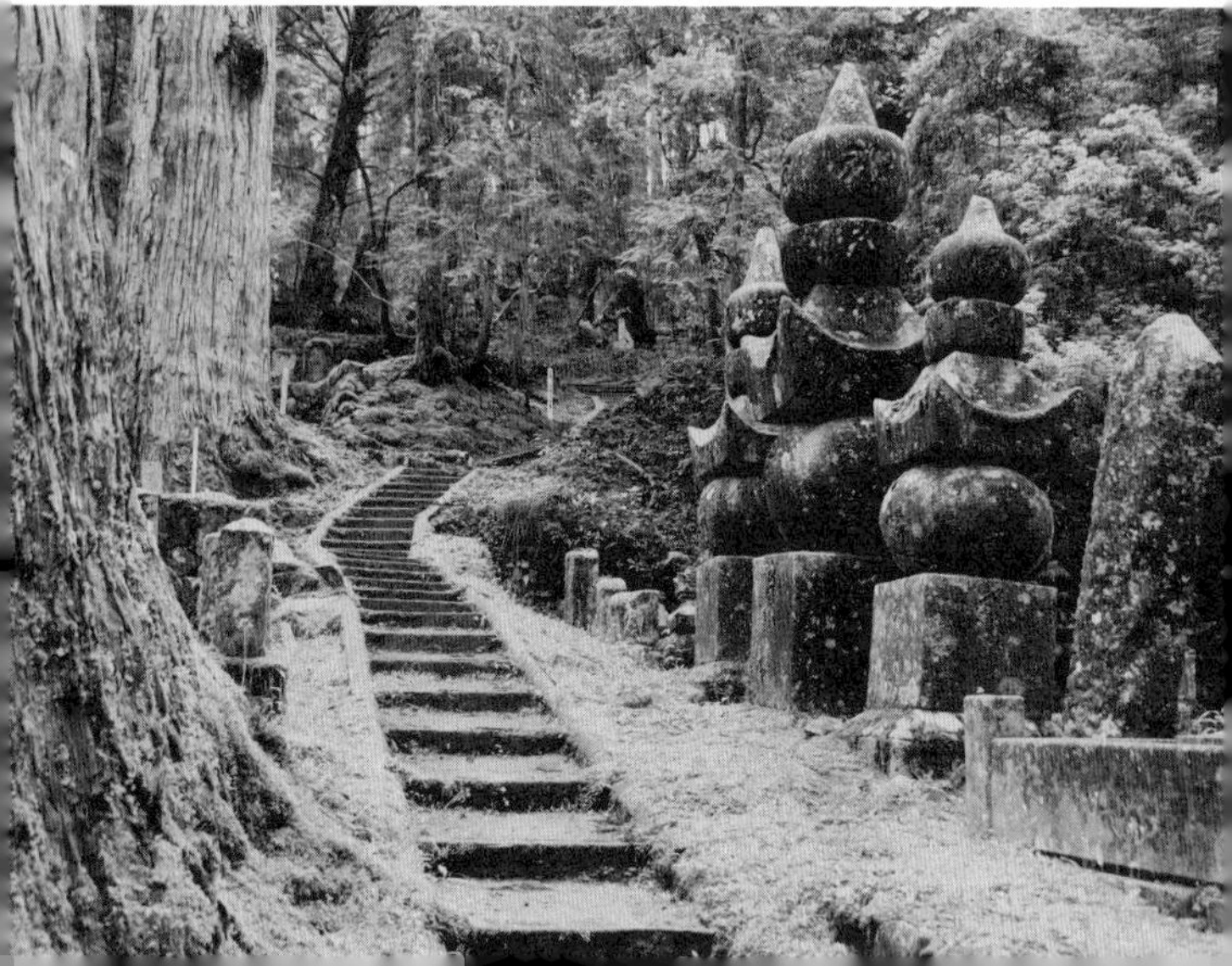

日に二度、御廟には食事が供されているという。

なんという信仰の力、なんという年月の重層感。自分の思考能力をはるかに超えてしまいそうな価値観でありながら、そのいっぽうでどこか爽快感のようなものを感じつつ、無心で御廟に手を合わせるのだった。

参道には企業墓と呼ばれる、企業が建てた慰霊碑も多い。ロケットを模した慰霊碑は航空関連企業のもの(写真上)。乳飲料メーカーの企業墓(写真下左)。有名コーヒーメーカーの企業墓(写真下右)

DATA

⦿モデルプラン：南海極楽橋駅→京大阪不動坂→女人堂→金剛峯寺→壇上伽藍→一の橋→奥之院→高野山ケーブルカー高野山駅→極楽橋駅

⦿歩行距離：約9km

⦿歩行時間：約3時間半

⦿アクセス：起終点の極楽橋駅へはなんば駅から南海電鉄高野線で約2時間10分。奥之院前バス停から高野山駅へはバスで約20分。高野山駅から極楽橋駅へは高野山ケーブルカーで約5分

⦿立ち寄りスポット情報：高野山ケーブルカー＝高野町高野山。📞06-6643-1005。一般500円。女人堂＝高野町高野山709。📞0736-56-3508。8:30～17:00。金剛峯寺＝高野町高野山132。📞0736-56-2011。8:30～17:00。一般1000円。壇上伽藍＝高野町高野山152。📞0736-56-3215。8:30～17:00。一般500円(根本大塔)。奥之院＝高野町高野山550。📞0736-56-2002

ヤッホの森と古墳群

やっほのもりとこふんぐん

兵庫県

地元の裏山を歩いて古墳、隠し田、炭焼き窯、いにしえの人の営みを知る

山陽本線竜野駅の改札を抜けると、住宅街の向こうに小ぶりながらも端正な姿をした山が腰をすえていた。地元で黍田富士と呼ばれるこの山は、お手軽登山はもちろん、古墳が発見されたり、かつての隠し田を湿原に再生させようとしていたり、なにかと興味深い。平成の時代には里山再生事業の一環として、「ヤッホの森」という名称で登山道の整備も行われたそうだ。この森を巡る小さな冒険に出てみよう。

竜野駅からは黍田富士を目指して南下。周囲は新旧とりどりの家が建ち並ぶ住宅街だ。山陽新幹線の高架を抜けて県道にぶつかると、ヤッホの森を示す指導標があったので、それに従い西へ。小学校へ至る路地を入ると登山口のどんぐり広場に到着だ。

ここから黍田富士へは尾根沿いを直登するコースと、沢沿いを辿るコースがある。直登

竜野駅を出るとすぐ正面に見えるのが黍田富士。標高こそ166mと低いものの、円錐型の端正な山容が美しい。住宅街を抜け、山陽新幹線をくぐり、西側に回り込んだところに登山口がある

コースに書かれていた「健脚向け」の文字に怖じ気づいたわけではないが、ここは水辺の気配を感じる沢沿いコースを選ぶ。まあ、どちらを選んでも頂上まで20分ほどだ。

登山道は小さな沢沿いを緩やかに登っていく。よく歩かれているのだろう、道筋もしっかりしている。途中からケルンが目立つようになり、指導標代わりなのかなとも思ったが、そのうちどんどん増えて、道沿いはケルンだらけに。どうやら子どもたちがおもしろがって積んでいるようだ。これだけ連なっていると、ケルンというよりは「ひとつ積んでは父のため～」の賽の河原が頭をよぎる。

黍田富士の山頂から北西の方角を眺める。小さな山並みの間を縫うように山陽新幹線や山陽自動車道が抜けているのがわかる。常日頃、平野に住んでいる身からするとなかなか新鮮な光景だ

やがて道は山頂から南へ延びる尾根道と合流して北上。単に雨が降ってないからなのか、それとも土壌的にそうなのか、道は白い筋となって延びている。こうして沢筋をつめて尾根に出て、そこから北上して白い山頂を登るというパターン、なんか既視感があるなと思ったら、南アルプスの女王と称される甲斐駒ヶ岳へ登るアクセスと似ている。もちろんあちらは標高２９６７ｍ、こちらは１６６ｍ。そのスケールには20倍近い差があるけれど、それでもなんだか地味に盛り上がってきた。

山頂にはあっという間に到着。頂からは北西方向への展望が開け、足下には山

陽新幹線が疾走する。山頂には鐘が吊された塔が建っており、これはいつ誰が鳴らしてもいいらしい。ふだんはあまりそういう物には手をつけないのだが、ここでつい『あの鐘を鳴らすのはあなた』の歌詞が頭に浮かんでしまい、思わず紐を引っ張ったところ、想像よりずっと大きな音が響き渡り、びっくりして周囲を見回す。

このあたりから、登山道沿いに古墳が散見されるようになる。どれも規模としては大きなものではないが、なにしろ数がすごい。面積70ヘクタール足らずのこの山域から40もの古墳が発見されているのだとか。いずれも6～7世紀に造られ

亀岩と呼ばれる石の構造物だがこれも古墳。周囲の土がなくなって石室が露出してしまったらしい。亀石は南に瀬戸内海を望む展望地にあり、ここに古墳を造った人の気持ちがわかるような気がした

たものらしく、なかには「かつて古墳だったもの」といっていいくらい荒れているものも。

　頂上から一度戻る形で南下していくと現れるのが、亀岩と呼ばれる石積みだ。いくつかの石の上に大きな岩が載せられた姿は、たしかに亀に見えなくもないが、実はこれも古墳。もともとは周囲を覆っていた土が失われ、石室がむきだしになったそうだ。

　ここに古墳が集まっているのは、死後も山の上から見守ってほしいと当時の住民が願った表れなのだろうか。標高200mにも満たないとはいえ、よくぞたくさんの大岩を運び上げたなと感心したが、亀岩からの道はそれまでとはうって変わって岩がごろついていたので、もしかしたら豊富な岩があったからこそここに古墳を造ったのかもしれない。

　岩ばかりの道を注意深く歩いていくと、いきなり開けた場所に飛び出した。ここが隠し田跡らしい。隠し田というのは厳しい年貢の取り立てを切り抜けるためにこっそり開墾した田んぼのこと。バレたら大変なことになっちゃうでしょと現代の僕たちは考えてしまうが、逆をいえばそれだけ年貢制度が厳しかったわけで、古くは律令制度が確立したころから明治維新による地租改正に至るまで各地に存続していたらしい。たしかにここは湧水もあって都合よさそうだ。山中の地図などなく、上空から俯瞰する術もない時代なら、ここでこっそり米作りをしてもバレないかもと、妙な共犯者心理が働いてしまう。

山中に突然小さな平地が現れた。ここはもともと隠し田があったそうで、たしかに湧水があるうえに日当たりもよく、田んぼ向きの場所かもしれない。後に湿原化し、現在は湿原の保全に努めている

ほかにも地域の集落が共同で運用していた炭焼き窯の跡もあったりと、この森には自然以外にも人の営みの痕跡がなにかとあって楽しい。こういったプラスアルファが、子どものみならず大人にも冒険心を抱かせてくれる大きな魅力なのだろう。

DATA

⊙モデルプラン：JR竜野駅→どんぐり広場→黍田富士山頂→亀岩→隠し田跡→どんぐり広場→竜野駅
⊙歩行距離：約6km
⊙歩行時間：約2時間半
⊙アクセス：起終点の竜野駅へはJR神戸駅から山陽本線で約55分
⊙立ち寄りスポット情報：ヤッホの森＝たつの市揖保川町黍田。📞079-221-1500（西播磨観光協議会）

鞍馬山から貴船渓谷

義経と宇宙に縁深いお寺を詣で、
渓谷美のなかに舞い降りる

くらまやまからきぶねけいこく

京都府

鞍馬山は京都盆地の北に位置する標高６００ｍ弱の山だ。昔から修験の山として知られ、若き日の牛若丸こと源義経が修行したとされることでも有名だ。京都の中心からほど近いこともあって、手軽なハイキングコースとして人気も高い。

そんな鞍馬山を歩くには叡山電鉄で鞍馬駅を目指すのが定石なのだが、今回訪ねてみると、なんと叡山電鉄は鞍馬駅の手前から不通。２０１９（令和元）年の台風の影響がまだ残っているのかと思ったら、これは２０２０（令和２）年7月の集中豪雨による土砂崩れが原因とのこと。最近は毎年のように各地を激しい自然災害が襲うので、どこへ行くのにも事前確認が欠かせなくなった。手前の市原駅からバスに乗り換えて鞍馬へ向かう。

鞍馬駅前に立つとそこには巨大な天狗の顔。鞍馬山といえば鞍馬天狗だ。この鞍馬天狗

が牛若丸に剣術を仕込んだといわれている。ちなみに子どものころ、この鞍馬天狗と、映画にもなった大佛次郎原作の幕末小説『鞍馬天狗』を同じ話だと勘違いしていた。いったい時代の整合性をどうやって解決していたんだか。

斜面を登り大きな山門をくぐると、そこから先は鞍馬寺。鞍馬山の南斜面一体が鞍馬寺の境内なのだ。入るとすぐにケーブルカー乗り場が現れる。もちろん歩いて登っていくことも可能だけれど、これが日本で一番短いケーブルカー路線と知れば乗ってみたくなるというものだ。ちなみにこれは日本で唯一、宗教法人によって運営される鉄道でもあるそうで、そのせいか購入した切符には、「切符」ではなく「御寄進票」と書かれている。

乗り込んだケーブルカーは、カクンという小さな振動とともに急斜面を静かに登っていく。車窓から望む周囲のスギ林はところどころ崩落していて、これも集中豪雨の影響か。所要時間2分で終点の多宝塔駅に到着。通常、ケーブルカーといえば途中で上り下りの車輌がすれ違うものだが、ここにはそれがない。単一車輌での運行なのだった。

ケーブルカーを降りて石畳や石段を踏みながら参道を登っていけば、本殿が姿を見せる。正面に立ってまず気づいたのが、左右に鎮座する二体の虎の像。こちらの神使は狛犬ならぬ狛寅なのだ。また正面の石畳に描かれた円は金剛床と呼ばれ、宇宙エネルギーを呼

牛若丸伝説でも知られる鞍馬寺の本殿。本殿正面に位置する巨大な円形のレリーフは「金剛床」と呼ばれるもの。この中心で諸手を挙げて空を仰げば、宇宙と一体化できるパワースポットなのだとか

び込むパワースポットだそう。これ以外にも、本殿に奉安されている千手観音は月を、毘沙門天は太陽を表し、さらには650万年前（！）に金星より降り立った魔王尊を祀った魔王殿など、鞍馬寺はなにかと宇宙との縁が深いらしい。牛若丸伝説に宇宙エネルギー、これは人気があってしかるべしである。

人気が高いといえば、鞍馬山は東京の高尾山にも雰囲気が似ている。どちらも至便で、標高も鞍馬山が584mなのに対して高尾山は599m。信仰の場であるのと同時に天狗伝説を有する。さらにはヒラヒラした普段着の人と全身ガッチリ登山装備でかためたハイカーが一緒に

歩いているあたりも、ふたつの山は共通なのだった。

本殿からは義経が修行をした場所とされる木の根道や、非業の死を遂げた義経の魂が安置されている義経堂など、源義経由来のスポットを経て西へ下っていく。この下りもなかなかの急傾斜。やがて足下からせせらぎが聞こえてくれば下山口は近い。降り立ったところに待っているのが貴船《きふね》神社だ。

貴船神社はいわずと知れた水の神様。眼前の貴船川は、市内を流れる鴨川の上流に位置している。最近では縁結びの神様としても人気だそうで、周囲には若い男女の参拝者が多く、単独おじさんはち

源義経が修行を積んだ場所といわれる木の根道。たしかにこれだけ根っこがゴツゴツしていれば、軽快に動き回らねば転んでしまいそう。現代の若者たちも修行？に励んでいた

鞍馬山から下ってくると辿りつくのが貴船神社。この界隈の地名は貴船(きぶね)だが、水の神様の神社であるここは、濁らずに貴船(きふね)と読む。全国にあまたある貴船神社の総本社

ょっと居心地が悪い。川を遡るかたちで本宮、結社《ゆいのやしろ》（中宮）、奥宮と存在し、奥宮まで歩いてみると巨樹に囲まれたその空間はさすがに空気の質が変わったようで、厳粛な雰囲気が漂っている。

本宮では参拝客がおみくじを引いていた。こちらのおみくじは選んだ真っ白い紙を霊泉に浮かべると文字が浮かび上がるというもので、いかにも水の神様らしい。

貴船川沿いには多くの茶店や料理屋が立ち並び、夏の盛りはどこも川の上に竹を組んでこしらえた川床での食事が風物詩になっているが、このときはすでに10月を迎えていたとあって、どこも川床の

貴船神社のおみくじは「水占みくじ」と呼ばれるもの。流れ落ちる神水に浸すと吉凶が現れるというちょっとドラマチックな仕掛けになっており、多くの参拝客で賑わっていた

解体作業が進んでいた。かくして季節は巡る。

ここからは貴船口駅までマイクロバスも運行されているが、歩いても20分ほど。貴船川の流れを眺めながら、最後にもうひと歩きするとしよう。

DATA

⊙モデルプラン：叡山電鉄鞍馬駅→鞍馬寺→鞍馬ケーブルカー山門駅→多宝塔駅→本殿→木の根道→義経堂→貴船神社本宮→結社→奥宮→叡山電鉄貴船口駅
⊙歩行距離：約5km
⊙歩行時間：約3時間
⊙アクセス：起点の鞍馬駅へはJR京都駅から奈良線、京阪本線を乗り継いで出町柳駅へ約30分。そこから叡山電鉄叡山本線で鞍馬駅へ約40分。終点の貴船口駅からは出町柳駅経由で京都駅へ約1時間5分
⊙立ち寄りスポット情報：鞍馬寺・鞍馬ケーブルカー＝京都市左京区鞍馬本町1074。☎075-741-2003。一般200円(ケーブル寄付金)。300円(愛山費)。貴船神社＝京都市左京区鞍馬貴船町180。☎075-741-2016。6:00～20:00(12～4月～18:00)

山辺の道と石上神宮

やまのべのみちといそのかみじんぐう

奈良県

『万葉集』にも登場する、日本最古クラスのトレイルへ

日本各地に点在するトレイル、徒歩旅行向きの道のなかでも、最も古いもののひとつに数えられるのがこの「山辺の道」だろう。その存在は『万葉集』や『古事記』でもふれられており、かつては奈良と海石榴市《つばいち》を結んでいたと考えられている。現在トレイルとして整備されているのは、そのうちの石上神宮から海石榴市までのおよそ16㎞。道程には日本最古とされる神社から室町時代の環濠集落、いくつもの古墳など、古代の「まほろば」を感じるにはうってつけの道だ。

起点となるのは天理駅。駅前から延びる長いアーケード商店街を抜け、その先にある天理教の施設群を越えていくと山辺の道が始まる。歩き始めていきなり登場するのは、日本最古の神社とされる石上神宮だ。ここはヤマト王権において軍事部門を司っていた物部氏

（下写真）日本最古の神社のひとつに数えられる石上神宮。ここから山辺の道を辿って大神神社を目指す。境内には霊鳥とされるニワトリが数多く放たれている。禁足地から発見された七支刀は国宝に指定

の総氏神でもある。かつてこの神社には本殿がなく、禁足地と呼ばれる土地のみがあったという。いかにも自然崇拝の影響が残る、歴史の古さを感じさせる話だ。

しかしそれよりも驚くのは、崇神天皇の時代にこの禁足地に剣を埋めたという記録に基づいて、明治に入ってから発掘調査をしてみたところ、実際に七支刀が現れたというのだ。まるでロールプレイングゲームのイベントのようではないか。いや、こちらのほうがはるかに先達なのだが。古墳時代の歴史なんて半分物語だろうと思っていると、ときとして突然こんな史実が顔をのぞかせたりするから油断ならない。

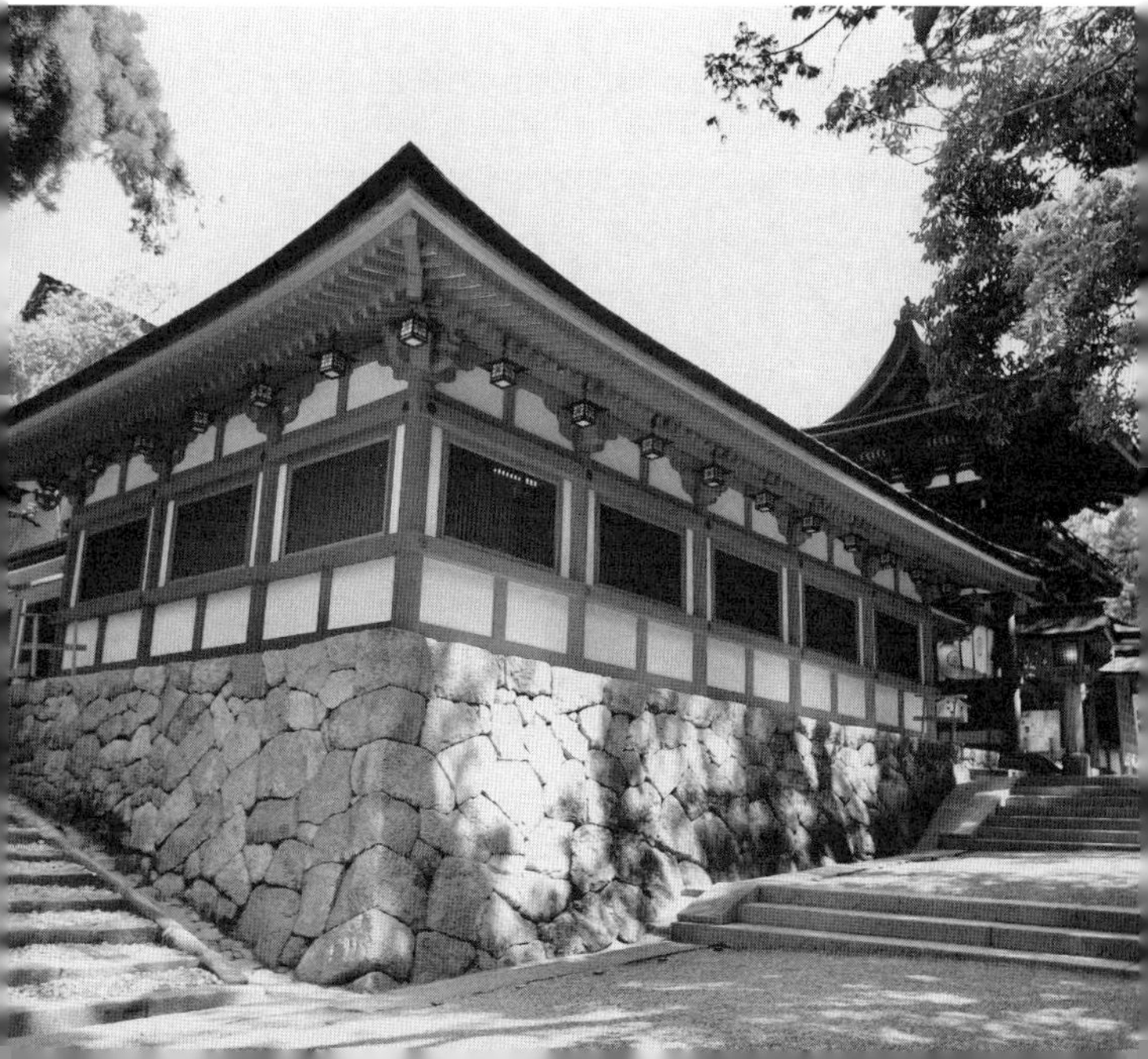

ここから先は、奈良盆地の東縁に沿って田んぼや果樹畑に囲まれた小径が続く。この道にちなんだ万葉の歌碑なども点在している。茅葺きの本殿が趣深い夜都伎《やつぎ》神社を越えると見えてくるのが、竹之内、萱生《かよう》の環濠集落だ。これらは室町時代に成立したとされ、戦乱期に自衛目的で集落の周囲を壕で囲んだのだという。現在もその一部が残されており、当時の様子が偲ばれる。

これらの集落を過ぎるころから次々と古墳が姿を現すようになる。畑として用いられているものや、なかには古墳の上が現代人の霊園として利用されていたりもして、さすがに古墳大国・奈良県であ

山辺の道は奈良盆地の東縁に沿って延びる。周囲には歴史ある神社、古墳、そして美しい田園風景が続いており、理想郷ともいわれる「まほろば」とは、こんな場所ではなかったと思ってしまう

檜原神社の三ツ鳥居。その名の通り、三つの鳥居を横一列に並べた不思議な形状をしている。なぜこのような鳥居ができたのか、起源はよくわかっていないらしい。三ツ鳥居の先は禁足地だ

る。これだけ古墳が続くと、地形上のただの突起すら古墳ではないかと疑ってしまう。

そしてそんな古墳群を従えるようにドーンと登場するのが、崇神天皇陵や景行天皇陵といった天皇を祀る陵墓たち。こちらはさすがに宮内庁によってしっかり管理されており、巨大な墳丘は草木に覆われたまま静かに佇んでいた。

道沿いのあちこちには農作物の無人販売所が設けられている。地元の農家が畑でとれたものを並べているのだろう。この時期にはポンカンや文旦、レモンといった柑橘系が売られており、僕もレモンを購入して喉の渇きをいやす。クエン酸

が疲れに効くぜ。

やがて辿りついた檜原《ひばら》神社は、全国的にも珍しい三ツ鳥居で知られている。これは普通の鳥居を横に三つ合わせたような形をしており、たしかに初めて見るものだ。ちなみにこの神社は、これから目指す大神《おおみわ》神社の摂社。大神神社にも三ツ鳥居はあるけれど、そちらは禁足地を隔てる結界として設けられているそうで、気軽に拝みたいならこちらかも。

そろそろおなかも空いてきたなと、檜原神社の門前にあった茶屋をのぞいてみると、奈良県民のソウルフードともいわれる三輪そうめんがあるではないか。この日はちょっと風が冷たかったので、温かいにゅうめんを注文。そうめんだけあってあっという間に運ばれてきたにゅうめんは、しっかりとしたお出汁のなかに、細いそうめんとは思えないほどのコシを感じるものだった。

ここまで来ればゴールは近い。最後にお参りした大神神社は、こちらもまた日本最古級の神社で、起点と終点近くの両方にそんな神社があるというのもさすがに山辺の道ならでは。平日にもかかわらず多くの参拝客で賑わい、なかには卵を供える人がいるので理由を尋ねてみると、この神社の神様である大物主大神《おおものぬしのおおかみ》はヘビの姿をしているそうだ。

ゴールの海石榴市は、万葉の時代には大きな市が立ち、仏教伝来の地としても知られて

大神神社は参拝客で賑わっていた。大神神社のご神体は背後にそびえる三輪山そのもの。古くは神職以外は入山できなかった。現在は一般人も許可を得れば登れるが、さまざまな規則遵守が求められる

いる。当時は若い男女がここに集い、歌を詠み交わしたりもしていたらしい。そんなロマンチックないわれが残る場所にも、現在は静かな住宅街が続いていた。

DATA

⊙モデルプラン：近鉄天理駅→石上神宮→夜都伎神社→竹之内、萱生環濠集落→崇神天皇陵→景行天皇陵→檜原神社→大神神社→海石榴市→近鉄桜井駅
⊙歩行距離：約16km
⊙歩行時間：約6時間
⊙アクセス：起点の天理駅へは近鉄大阪難波駅から近鉄奈良線、橿原線を乗り継いで約1時間10分。終点の桜井駅からは近鉄大阪線、奈良線を乗り継いで大阪難波駅へ約50分
⊙立ち寄りスポット情報：石上神宮＝天理市布留町384。☏0743-62-0900。拝殿参拝5:30〜17:30（季節により変動）。夜都伎神社＝天理市乙木町765。☏0743-63-1242（天理市観光協会）。竹之内、萱生環濠集落＝天理市竹之内町、萱生町。崇神天皇陵＝天理市柳本町行燈。景行天皇陵＝天理市渋谷町向山。檜原神社・大神神社＝桜井市三輪1422。☏0744-42-6633。9:00〜17:00

法隆寺と矢田丘陵《ほうりゅうじとやだきゅうりょう》

奈良県

丘を越え行こうよ、法隆寺目指して

「10年前くらいに歩いたけど、どうなってることか。イノシシが荒らしてるやろか……」

麓の集落で畑仕事中のおじさんに道の様子を尋ねた返事がこれだった。ここは奈良県の矢田丘陵西側にある平群《へぐり》という小さな集落。ここから丘を越えて東に抜けると、そこにあるのは法隆寺だ。ただ法隆寺を訪ねるだけなら法隆寺駅から歩くのが簡単だけど、もう少しドラマチックに法隆寺と会えないものかと地形図を見ながら選んだのがこのルートだった。

ただし地形図に表記されているからといって、道が現存するとはかぎらない。人の往来が絶えて廃道状態になっていることもあり、今までにも何度か痛い目に遭ってきた。そこでまずは地元の人に様子をうかがったわけだ。

平群集落から矢田丘陵を越えて法隆寺を目指すことにした。集落の人に教えてもらった山道は当初荒れていて不安がよぎったが、歩き進めるにつれて次第に整備が入っていた

しかしそのいっぽう、モータリゼーションが進んだ昨今、地元の人は意外とそういった「歩く道」には疎いことも多い。冒頭の話はあくまでも参考とし、まずは道に分け入ってみる。当初は倒竹が多くて先が不安だったが、やがて道筋は明瞭になって着実に標高を稼いでいく。途中、たしかにイノシシにほじくり返されたと思しき跡は散見されるものの、生い茂る下草は刈払いされており、ちゃんと人の手は入っているようだった。

　地形図上で最も標高が高い270m付近を越えると下り基調になり、舗装路に飛び出すとそこが白石畑という集落だった。こんな山中にいきなり集落が現れる

山道を登りつめると、丘の上にいきなり小さな集落が現れた。日当たりがよく、人々は農作業に勤しんでいた、車道が開通する以前は、この集落を経て平群と法隆寺の間を山道で往来していたのだろうか

のに驚く。家々の様子からしてずいぶん昔からの集落のようだ。今でこそ舗装路が通っているが、それまではさぞ不便だったのではないか。ここでも畑仕事中の女性に法隆寺方面への道を確認して、先へ進む。

しばらく舗装路を歩くと、「法隆寺→」という指導標が立つ小径が分岐、そこからは再び山道へ。道は尾根沿いを穏やかに下っていく。間伐跡だろうか、周囲にはそこかしこに伐採した樹木が積まれている。立てられた看板には「法隆寺古事の森」の文字。

ここは21世紀に入ってからヒノキの植林が始められた山なのだ。世界最古の木造建築といわれる法隆寺も、定期的な修復作業が必要だ。そしてその際に必要になるのが樹齢百年単位のヒノキ。しかしそれだけ樹齢を得たヒノキはすでに国内には見当たらず、昭和に行われた法隆寺や薬師寺の修復にあたっては、やむなく台湾産のヒノキ材を用いたそうだ。そのことに強く危機感を感じた林野庁やボランティアが中心となり、現在この山でヒノキを育てるプロジェクトが進行中なのだった。結果が出るのは300～400年後とのこと。

丘陵を下りながら、法隆寺を俯瞰できる場所に出くわさないか期待していたのだが、残念ながら最後まで視界は開けず。

山中に埋め込まれていた石標には「法隆寺」の文字が。この山域では、将来法隆寺の維持修復に必要な木々を育てている。実際に利用できる大きさになるには数百年単位の年月が必要らしい

奈良を観光で訪れるのなら、まずたいていの人が組み入れる法隆寺。左が五重塔、右が金堂。中央奥に見えるのが大講堂だ。現存する世界最古の木造建造物でもある

車道に降り立ったときには目の前にいきなり藤ノ木古墳が鎮座していた。ここまで来れば法隆寺はもう目と鼻の先。お寺とともに発展してきた古い町並みを抜けると、そこが法隆寺の西大門だった。

法隆寺を訪ねるのは人生で二回目。一回目はおそらく多くの日本人がそうであるように、学生時代の修学旅行。僕の場合は中学生だったが、今考えると当時の自分にはまだ早すぎる「修学」だったようで、記憶がほとんどない。ここも訪れたはずなのにさっぱり憶えていない。まさに猫に小判であった。

今あらためて参拝してみれば、まずは金堂や五重塔の存在感に圧倒される。建立されてから１３００年も経ている木造建物がまだ目の前に建っているという驚異。歴史上の人物とその光景を共有しているという畏怖。

境内にある大宝蔵院では興味深い経験もした。ここには百済観音をはじめ、さまざまな宝物が展示されており、そのうちのひとつ、玉虫厨子が奈良の歴史博物館に貸し出しのために搬出中だったのだ。厨子の周囲には多くのスタッフが集まり、慎重に運び出しの作業中。よく見れば誰もが知っている大手運送業者の名前がプリントされた緩衝材に包まれており、たとえ国宝級の家具とはいえ餅は餅屋なんだと感心。家庭の箪笥同様、玉虫厨子も

上下に分割できることを初めて知った。
夢殿も参拝して法隆寺を後にする。対峙したものの存在感のせいなのか、なんだか精神的にクタクタである。修学旅行では一日にいくつもの寺社をハシゴしたけれど、ちゃんと観るんなら、あれもけっこう無理があったなあと顧みながら駅を目指した。

DATA

⦿モデルプラン：近鉄平群駅→平群→白石畑→法隆寺古事の森→法隆寺→JR法隆寺駅
⦿歩行距離：約8km
⦿歩行時間：約3時間半
⦿アクセス：起点の平群駅へは大阪難波駅から近鉄奈良線、生駒線を乗り継いで約50分。終点の法隆寺駅からはJR関西本線、南海電鉄南海本線を乗り継いでなんば駅まで約50分
⦿立ち寄りスポット情報：法隆寺＝斑鳩町法隆寺山内1-1。℡0745-75-2555。8:00～17:00（11月4日～2月21日～16:30）。一般1500円

藍那古道と大阪万博カンボジア館《あいなこどうと おおさかばんぱくかんぼじあかん》

山中の古道を抜けて、神戸の里山風景と大阪万博の置き土産に会いに

兵庫県

海沿いに延びる神戸の街並み、西の軽井沢とも称される六甲山界隈、そして長い歴史を持つ有馬温泉と、神戸はさまざまな表情を持っているが、ここにもうひとつ。中心から電車で30分ほど入っただけで、水田が広がる里山の原風景に出会える古道があった。

下車した神戸電鉄の藍那駅は無人駅。線路と併走する県道を西に歩いていくと、小学校の手前で右手へ分岐があるのでここを入る。クルマの往来が多かった県道から一転静閑な沢沿いの道へ。周囲は雑木林に囲まれて、ここが「港町神戸」の一角とはにわかに信じがたい。

道筋にはときおり「太陽と緑の道」と記された指導標が現れる。これは神戸市が設定したハイキングコースだそうだ。当初はしっかり舗装されていた路面がコンクリートを流し

山中を抜ける古道の傍らに古い自動車が朽ち果てていた。ここまでこの細い道を走ってきたのだろうか？　昔は道がもっと広かったのか？　今となってはこの場で解体しないと搬出もできなさそうだ

ただけの簡易舗装に変わり、ついには土道になったあたりから道は尾根筋を辿っていく。この道は地元では藍那古道と呼ばれ、古くは源義経が鵯越《ひよどりごえ》から一ノ谷の合戦へとはせ参じたときに通った道だそうで、その後もこれから目指す山田庄と藍那を結ぶ重要な生活道となっていた。

尾根筋を歩き始めてすぐに、山中に廃自動車が放置されていて驚く。車種まではわからないがデザイン的には１９８０年台のものか。不法投棄なのだろうが、不思議なのはどうやってここに運んできたのかということ。ここまでの道をクルマが通行するのは大変だろうし、ここから道はさらに細くなっていく。しかも藍

那側を向いているということは、向こうからやってきたのか。昔、この道はもっと広かったのだろうか。

道沿いは樹木に覆われているが、ときどき樹間ごしに畑らしきものが見え、山深いわけではないことがわかる。やがて前方から急に陽光が差し込んできたかと思うと、その先に広がっていたのは田植えをすませたばかりの美しい田んぼ。山田庄に到着したようだ。

山田庄は山並みに挟まれた東西に延びる静かな集落。そのいっぽう古くから京都と西国、山陽を結ぶ裏街道の要衝だったらしい。衝原《つくはら》ダムのほとりに建つ箱木千年家は現存する日本最古の民家とされ

谷あいに広がる山田庄はちょうど田植えを終える季節だった。山田庄というのは、現在の神戸市北区山田町界隈の古い呼び名。平安時代には平清盛の領地となったこともあるらしい

現存する日本最古の住宅、箱木千年家。室町時代前半のものと考えられている。訪問時には長期休館に入っていて、外側からしか様子をうかがうことができなかった。残念

ているし、集落にはいくつも農村歌舞伎舞台が残っている。

集落の北にそびえる丹生山《たんじょう》は、かつてその名にもある「丹《に》」が採掘されたという。丹というのは赤い顔料、そして水銀の原料としても使われた鉱石だ。山頂にある丹生神社に祀られているのは、水銀の神である「丹生都比売命《にうつひめのみこと》」。

そんな風景を眺めながら田んぼのなかの曲がりくねった道を東へ。道は県道から離れた場所を併走しており、クルマの往来は皆無。見晴らしも良好だ。山並みの斜面際を耕しているせいか、田んぼには不規則な形や小さいものも目立ち、どれにもていねいに稲が植えられている。

ある田んぼではちょうど手植えの真っ最中だった。今どき手植えも珍しいので尋ねてみると、やはり不規則な形の田んぼには機械を入れられず、昔ながらの手法で田植えを行っているそうだ。

しばらくすると道は県道と合流、さらには高速道路のジャンクションなども見えてきて風景は一変する。神戸電鉄の箕谷駅も近く、そこからは神戸行きの路線バスも出ているので、旅を終わらせるのにはちょうどいい頃合いなのだが、どうしても見ておきたい場所がもうひとつだけあった。

それは1970年に開催された大阪万博会場から移築されたカンボジア館だ。万博が閉会したときほとんどの建物は解体されたが、いくつかは移築され、万博の余韻を置き土産のように残した。しかしそれらも老朽化などで次々に解体、現存しているのはここのカンボジア館と、岡山の自衛隊駐屯地に移築されたミュンヘン市館のみだという。駐屯地内のものは簡単には拝めないだろうが、こちらのカンボジア館は、地域の自治会館として普通に建っているそうだ。実はこちらも数年前に取り壊しの話が持ち上がったらしい。しかし地元住民の存続運動が起こり、さらには建物自体が「新クメール様式」と呼ばれる、本国でも希少なものであることが判明。補修、存続されるに至ったとのこと。なにかというと

神戸市北区広陵町の自治会館として今も利用されているカンボジア館。1970（昭和45）年に開催された大阪万博で建設され、会期後、この地に移築。2017年には補修工事も行われた

すぐに壊して建て替えてしまいがちな昨今、ちょっとイイ話ではないか。

そんな話の舞台を見物するために、けっこう疲れがたまってきた身体に鞭打って、あとひと駅ぶんだけ歩くことにしよう。

DATA

⦿モデルプラン：神戸電鉄藍那駅→藍那古道→山田庄→箱木千年家→下谷上農村歌舞伎舞台→広陵自治会館（カンボジア館）→神戸電鉄山の街駅
⦿歩行距離：約13km
⦿歩行時間：約4時間半
⦿アクセス：起点の藍那駅へは高速神戸駅から神戸高速線、神戸電鉄粟生線を乗り継いで約30分。終点の山の街駅からは神戸鉄道有馬線、神戸高速線を乗り継いで高速神戸駅まで約30分
⦿立ち寄りスポット情報：箱木千年家＝神戸市北区山田町衝原道南1-4。℡078-581-1740。現在長期休館中。広陵自治会館（カンボジア館）＝神戸市北区広陵町2-28-2。℡078-583-8183

百舌鳥古墳群《もずこふんぐん》

世界最大級の墳墓を筆頭に、次から次へと古墳三昧

大阪府

そこから見えたのは深く濃い森だった。

エジプトのクフ王ピラミッド、秦の始皇帝陵と並んで世界最大級の墳墓といわれるのが仁徳天皇陵古墳である。２０１９（令和元）年には周辺の古墳群とともに百舌鳥・古市古墳群として世界文化遺産に登録され、大阪府初の世界遺産となった。しかし実際に出かけた人によると、巨大すぎて実感しづらいらしい。そのせいかネットで「仁徳天皇陵」を検索すると、推測ワードの上位に「がっかり」なんて言葉が出てきたりする。

大きさが魅力なのにうまく見せられていない。これはなんとかせねば。行政がそう考えたのかは知らないが、堺東駅前にある堺市役所では21階の展望ロビーを年中無休で開放してくれている。ならばまずはそこで全体像を確認しておこうと考えたのだ。

しかし冒頭のとおり、そこから見えたのは街中に島のように浮かぶ森の風景。これはなかなか手強そうだ。幸い周囲には大小さまざまな古墳が点在している。まずはそれらで古墳感覚?を養ったうえで総本山を目指すことにしよう。

展望ロビーを後にしてまず向かったのは、一番近い反正《はんぜい》天皇陵。百舌鳥古墳群のなかでは七番目の大きさだが、すでに全貌は見渡せない。なにしろ全長148mもあるのだ。周囲は柵に覆われているが、柵越しに内部の様子はうかがえ、樹木はきれいに剪定されている。そもそも反正天皇とは誰かと思って調べてみると、仁徳天皇の第三皇子とのこと。なるほど。

(上写真)堺市役所21階の展望ロビーから仁徳天皇陵を遠望する。この高さからでも森が広がっているようにしか見えず、特徴的な鍵穴状の姿はわからない。全長486mという大きさは伊達ではないならば親譲りの大きさも腑に落ちる。

ここから仁徳天皇陵へ向かう途中には、いくつも小型の古墳が現れる。多くは陪塚《ばいちょう》と呼ばれるもので、主墳に葬られた人に仕えていた人や近親者が眠っているとされる。やがて大阪中央環状線を歩道橋で渡ると、いよいよ目の前に仁徳天皇陵が登場する。この歩道橋上は、仁徳天皇陵をわずかながらも俯瞰できる数少ないポイント。前方後円墳と呼ばれる形状はよく鍵穴に例えられるが、鍵穴のちょうどてっぺんの部分だ。

仁徳天皇陵の全長は486m。体積は140万立方mにも及ぶという。外周に周遊路が整備されており、その距離は約3㎞。当初、これを一周して反対側へ抜けるつもりだったけれど、よく考えたら一周したらスタート地点に戻るだけではないか。抜けるには一周半しなければならないという、子どもでもすぐわかりそうなことに気づき断念。陵の西側を辿る。

周遊路は散歩道やランニングコースとしても愛用されており、週末とあって賑やかだ。壕をのぞき込むと、こちらも水鳥や亀たちで賑々しい。柵のあちこちには「釣り禁止」の札が掲げられ、ということはここで釣りをしちゃう猛者もいるのだろう。

展望ロビーからも見えた通り、墳墓には鬱蒼とした樹林が密生しているが、これは野生

仁徳天皇陵にかぎらず、この周囲に点在する古墳の壕はさまざまな野生生物たちの絶好の住処になっている。お壕端では一羽のサギと三匹のミシシッピアカミミガメはなかよく日向ぼっこ中だった

ではなく明治時代の植林によるそうだ。奥からはカモの鳴き声が合唱となって響いている。人が立ち入れない森は、野生動物にとっては楽園になっているのかもしれなかった。

周遊路が御陵通りにぶつかったら、通り沿いに東へ進むと拝所に到着する。鍵穴の底辺部分中央にあたる。拝所には鳥居が立ち、宮内庁による高札が掲げられるだけのきわめてシンプルな造りだ。唯一ここが外壕の内側へ入れる場所だが、実際にはこの奥にさらに二重の壕があるという。仁徳天皇陵は都合三重の壕で守られているのだった。

これまで、仁徳天皇陵は一度も開けら

（下写真）周囲をぐるりと半周して仁徳天皇陵の正面へ。5世紀中ごろに完成したと考えられ、試算によると一日最大2000人が建設に従事しても、完成までには15年8ヶ月の年月が必要だったとされる

れたことがないと思いこんでいたが、実は江戸期と明治初期、風雨で一部露出してしまったために調査が入ったとのこと。発掘された石棺は長さ約3・2m、幅1・7mという巨大なもので、この複製品が隣接する堺市博物館に展示されている。

副葬品として、金メッキが施された甲冑やガラス器も発掘。当時の日本にはそれらを作る技術はなかったことから、すでに大陸、遠くはペルシア方面との文化的つながりもあったとみられている。発掘されたものは、再び埋め戻されて現在に至るという。

仁徳天皇陵を後にして、その南西に位置する履中天皇陵へ。こちらも仁徳天皇

第一皇子の墳墓とされるだけあって巨大だ。さらに西へ向かえば住民運動によって破壊を免れたいたすけ古墳や、被葬者が今も不明な御廟山古墳、カタカナ表記がどこかエキゾチックさを醸し出すニサンザイ古墳など、まだまだ古墳はてんこ盛り。

そこまで来れば、ゴールとなる中百舌鳥駅はあと少しだ。

この日、最後に訪れたニサンザイ古墳。墳丘長300.3mというのは国内で7番目の規模。「ニサンザイ」という不思議な名前は、陵(みささぎ)が転訛したものと考えられている

DATA

⊙モデルプラン：南海堺東駅→堺市役所21階展望ロビー→反正天皇陵→仁徳天皇陵→堺市博物館→履中天皇陵→いたすけ古墳→御廟山古墳→ニサンザイ古墳→南海中百舌鳥駅
⊙歩行距離：約8km
⊙歩行時間：約3時間
⊙アクセス：起点の堺東駅へはなんば駅から南海電鉄高野線で約12分。終点の中百舌鳥駅からは南海電鉄高野線でなんば駅まで約20分
⊙立ち寄りスポット情報：堺市役所展望ロビー＝堺市堺区南瓦町3-1。℡072-233-5258。9:00〜21:00。堺市博物館＝堺市堺区百舌鳥夕雲町2丁 大仙公園内。℡072-245-6201。9:30〜17:15。月、年末年始休。一般200円。反正天皇陵＝堺市堺区北三国ヶ丘町2丁。仁徳天皇陵＝堺市堺区大仙町。履中天皇陵＝堺市西区石津ヶ丘。いたすけ古墳＝堺市北区百舌鳥本町3丁。御廟山古墳＝堺市北区百舌鳥本町1丁。ニサンザイ古墳＝堺市北区百舌鳥西之町3丁

半日徒歩旅行の心得⑤

徒歩旅行の日用品

ネックゲイター

徒歩旅行に必要な特別の道具はあまりないが、それでも経験上あると便利だったものを紹介しておこう。

まずはコンパクトになる折りたたみ傘。レインウエアにくらべ片手がふさがってしまうデメリットはあるものの、登山のような厳しい環境でないかぎり、傘はやっぱり蒸れずに快適。最近は収納サイズが25cm以下、重さも100gを切るものもあり、使わないときもさほど邪魔にはならない。

夏は虫よけやかゆみ止めの類も用意しておきたい。里山歩きはもちろん、街中にもヤブカは意外といるものだ。もちろん日差しを避ける帽子も大切。麦わら帽子のような、ざっくり編んだものが夏は通気性に優れ快適だ。

逆に寒い時期は、リップクリームや手荒れ防止クリームがあると助かる。寒風のなか、直接さらされる唇や手はどうしても荒れがちだ。そういう意味では手袋も有効。

首回りの保温はマフラーが一般的だけど、コンパクト性を考えると、頭からスッポリ被るネックゲイターのほうが便利かも。気づかぬうちに落としてしまうこともない。

視力の弱い人は、予備眼鏡や使い捨てコンタクトもあると安心だ。僕のように激しい近眼の場合、万が一旅先で眼鏡をなくしたり壊したりしてしまうと、即行動にさしさわる。歩いているときに細かなものを見ることなんてなさそうだが、実際には地図を読むのにとても苦労するハメになるのだった。

第6章

旧道旧線を徒歩旅行

かつて人馬が通った物流の道から、
今はなき鉄道の廃線跡まで、
遠い日の名残を探ってみよう。

わずか9年しか運用されなかった大仏鉄道跡を辿る。途中にはいくつもの遺構が残っている。この鹿背山橋台は、用水路を通すために造られた。渡された板橋が、地域住民の往来を示す

福知山線旧線跡と武庫川渓谷《ふくちやませんきゅうせんあととむこがわけいこく》

取り残された廃線跡、トンネルあり橋梁ありで魅力を満喫

兵庫県

鉄道廃線跡に惹かれる。かつての鉄路を歩いて旅してみたいという憧れなのか、あるいは線路が再び自然に呑みこまれていく様が魅力なのか。いずれにしても地図や古い時刻表を開いては、そんなコースがないかと探してみる。しかし現実にはなかなか難しい。今の日本、廃線跡は山ほどあるが、安全上の理由や私有地であることから立入禁止だったり、逆にすべてが撤去されて当時の様子は跡形もなかったりする。

そんななか、今回歩く武庫川渓谷沿いの旧線跡は貴重な場所。美しい武庫川渓谷はもちろん、途中には奥の見えないトンネルや真っ赤に錆びた橋梁など、ちょいと映画『スタンド・バイ・ミー』気分に浸るにはうってつけのコースだ。

起点になるのはＪＲ福知山線の生瀬《なませ》駅。１９８６（昭和61）年、それまで単線だった福

知山線複線化のため、生瀬駅から道場駅にかけて新たにトンネルが掘られて線路は敷き替えられた。そのときに取り残されたのが、ふたつ先の武田尾駅へと至る旧線跡なのだ。ここも長らく立入禁止になっていたのだが、30年を経た2016(平成28)年に再整備のうえ開放。今では至近の廃線ハイキングコースとして親しまれている。

生瀬駅から武庫川と併走する国道を北上すると、先に指導標が掲げられているので、それに従って武庫川へ下ればコースの入口に辿りつく。単線だっただけあって、道幅は自動車一台ぶんほど。線路こそ撤去されているが、枕木は当時のま

(上写真)美しい渓谷美を見せる武庫川渓谷沿いに廃線跡は続く。路面には木製の枕木が埋め込まれたままになっているほか、当時の鉄道設備もあちこちに残されており、廃線探検気分は盛り上がる

ま残されているようで廃線跡の雰囲気はたっぷりだ。生瀬駅を起点にすると武庫川渓谷を上流へと遡ることになるが、道はほぼフラットだ。そんな緩やかな斜度の道筋にも、かつて鉄道が往来していたことを実感する。ときおり現れる、道端に残された往年の鉄道設備も雰囲気を盛り上げる。

しばらく歩くと、前方にトンネル跡が見えてきた。コースには当時のトンネルがそのまま残されており、1本目がこの北山第1トンネルだ。長さ319mというとたいしたことはなさそうに感じるが、実際に歩いてみるとなかなかにスリリング。内部にはいっさい照明がないうえ、トンネル自体が緩やかなカーブを描いている。つまり中央付近では、出入り口のどちらからの光も届かない闇が待っているのだ。

ここは用意してきたヘッドランプを装着。最大光量にして行く先を照らしてみたものの、光は空しく闇に吸い込まれるのみ。足下をしっかりと照らし、一歩一歩着実に歩いていく。トンネル内にも当然枕木は並んでいるわけで、こんなところでつまずいてなにかを落としたら、見つけるのには相当苦労しそうだ。やがて前方に半月のような光が現れ、それが次第に満ちてくると出口になった。その先には初夏の新緑。トンネルに入るまではなんとも思っていなかったものが、急に愛おしく見えてくる。

コース上では長短合わせて6本のトンネルを抜けることになる。短いもので91m、長いものだと413m。写真は最長の北山第2トンネル。どのトンネルも内部に照明はないので、ヘッドランプなどが必携

コース上には、渓谷沿いに張り出した踊り場のようなスペースがときどき設けられている。現役時代には保線員の待避所だったのだろうか。そこに立って対岸を眺めれば見事な大岩壁。クライマーならどう登るだろうなんて想像しているうちに、次のトンネルが登場した。北山第2トンネル。全長413mはこのコースで最長だ。またしても曲線を描いていて出口は見えない。先ほど同様ヘッドランプを点けて入る。そしてまたしても完全な闇に包まれたころだった。いきなり子どもの声が聞こえた。まさか。自分が踏みしめる砂利の音を聞き違えたか、それとも渓谷の水音か。ぞぞけたつ心を落ち

（下写真）トンネルのなかで突然聞こえてきた子どもの声の正体は、逆コースから来た親子連れだった。彼にとってもこちらの存在はちょっと驚きだったようで、すれ違い後、何度もこちらを振り返っていた

着かせ、立ち止まって耳を澄ます。沈黙の闇。やはり空耳か。そう安堵したときだった。

「キャハッ！」再び子どもの声が。しかも近い！　ま、まさかこれが恐怖体験というものか。駆け出したくなるのを必死に抑えて前方を灯りで照らすと、遠くから光跡がこちらに伸びてくるのを発見。そこからは楽しそうな親子の会話が響いてきた。

この日は平日にして小雨交じりの天候。まさか同好の士がいるとは思わなかった。トンネルがカーブを描いているため手前まで姿は見えず、それに対して声はトンネルの壁を伝って現実以上に近く聞こえ

たというのが真相なのだろう。

その先でもいくつかトンネルを抜け、古い鉄橋を渡る。道が舗装路と合流すればゴールの武田尾駅は近い。武田尾駅はトンネルとトンネルの間にちんまりと収まった無人駅。大阪駅からわずか40分ほどの距離に、こんな駅があろうとは。そしてそれと同時に、ほとんどがトンネルともいえる福知山線複線化工事の労苦も垣間見えたのだった。

後半に登場する第2武庫川橋梁。コース上でもピカイチの人気スポットだ。かつては鉄道が走っていただけあっていかにも頑丈。というかハイカー専用の橋としては明らかにオーバースペックだ

DATA

⦿モデルプラン：JR生瀬駅→廃線敷入口→名塩川橋梁→北山第1トンネル→北山第2トンネル→溝滝尾トンネル→武庫川第2橋梁→長尾山第1トンネル→長尾山第2トンネル→長尾山第3トンネル→廃線敷出口→JR武田尾駅
⦿歩行距離：約7km
⦿歩行時間：約2時間半
⦿アクセス：起点の生瀬駅へは大阪駅からJR宝塚線で約35分。終点の武田尾駅からは宝塚線で大阪駅へ約40分
⦿立ち寄りスポット情報：JR福知山線廃線敷＝📞0798-35-3321（西宮観光協会）、0797-77-2012（宝塚市国際観光協会）

鯖街道と熊川宿

さばかいどうとくまがわじゅく

福井県
京都府

日本海の海産物を京都へ運んだ道、往時を偲びつつ歩く

信州の『塩の道』や神奈川の『絹の道』など、かつての物流品を冠した古道は各地に伝わるが、そんな道のひとつに『鯖街道』がある。福井県の小浜で水揚げされたサバに代表される海産物を京都へ運ぶために歩かれたことから、いつしかこの名前で呼ばれるようになったらしい。鯖街道にはいくつかのルートがあったが、一番主要な道だったとされる別名若狭街道の一部を歩いてみた。

関東に暮らしているとあまり実感がないが、京都と福井は思いのほか近い。京都駅から湖西線で近江今津駅へ。そこから30分ほどバスに乗れば県境を越えて福井県だ。起点は福井県側最初の集落である熊川宿。ここは鯖街道の重要な宿場として栄えた集落で、現在も当時の面影をよく残す町並みが続いている。集落は山あいにしっとりと佇み、家々は昔な

今も当時の面影を残す熊川宿。豊臣秀吉に重用された浅野長政によって定められた。小浜と今津の中間地点にあたることから、鯖街道随一の宿場として栄え、日に1000頭もの牛馬が行き交ったという

がらの暮らしぶりを彷彿とさせる。

熊川宿からはバスで来た道を引き返すように国道を歩く。地形図上ではまもなくトンネルが現れるが、徒歩旅行では自動車メインのトンネルはできれば避けたいもの。風景が見えないのも味気ないが、それ以上に大型車とすれ違うときに巻き込まれそうで怖い。ときとしてトンネル建設以前の旧道が残っていることがあるので、できればそんな道へエスケープしたいけれど、地形図にはそんな表記はない。トンネルを抜けるしかないなとあきらめていたところ、なんと右手に古い道筋が。

「なんだあるじゃないの、国土地理院さ

途中で紛れ込んでしまった謎の廃道。落石もそのまま放置され荒れ放題。アスファルトが敷かれているので廃道化したのはそれほど昔ではないのかも。先に見える橋の先以降は進めなかった

ん！」とほくそ笑みながら、入口を塞いでいたガードレールをまたぐ。舗装された道にはあちこちにコケが密生し、さらには落石が散乱していてかなりの荒れ具合。道の真ん中に残る黄色いセンターラインが逆に生々しい。

さらに先へ進むと「この道は廃道です」というあまり見かけない表示があり、今度は「発破予定時間」と書かれた物騒な看板も。せめて状況だけでも確認しておこうと先へ進むと、いきなり道自体が崩落してなくなっていた。脇にはひとひとりがギリギリ歩ける程度の踏み跡がつけられていたが心許ない。ここはおとなしく引き返すことにしよう。しかしこの道、

スギ木立に囲まれた水坂峠を越える。道は舗装されているものの、トンネル経由の新道が開通しているおかげでクルマの往来はほとんどなく、昔の面影を感じさせる静かな峠道だ

自然災害で道が崩落したから廃道になったのか、それとも廃道になったから修復しなくなったのか。

トンネルを抜けてしばらくすると再びトンネルが見えてきたが、今度はしっかり旧道が残されていた。トンネルの上を越えるように緩やかに続く道を辿っていくと、やがて水坂《みさか》峠と呼ばれる、周囲を深いスギ林に囲まれた峠に行きついた。

峠から下りにさしかかると一本の登山道が道を横断しており、そこには「高島トレイル」の指導標が。高島トレイル。数年前の冬、この高島トレイルを一週間ほど縦走しようと足を踏み入れたことがあった。しかしひと晩でテントが埋もれるほどの豪雪に見舞われ、三日で撤退したのだった。あのまま歩いていればここに出てたのか……。

水坂峠を下りきると保坂《ほうさか》に出る。山中の三叉路に成り立った小さな集落だ。家屋は屋根こそ金属葺きに変わっているが、それ以外は歴史をそのまま残したような趣だ。

保坂から南下すると、再び檜峠という峠が待ち受けているが、保坂とこの峠の標高差は100mほどにすぎず、道はそれほど急峻ではない。というか「登り坂だな」とわかる程度なのだが、それより厳しかったのが歩道スペースの狭さ。ときには歩道スペース＝側溝のなか？　みたいな場所もあり、大型トラックとのすれ違いにはちょっと肝を冷やす。往年の物流路に今はトラックが往来するのは歴史の必然かもしれないが、もう少しだけ歩行者フレンドリーであってもほしいなと願う。

檜峠を下りきれば到着するのが朽木《くつき》宿。こちらも熊川宿と並び称される鯖街道の宿場だ。戦国時代には、浅井・朝倉勢に挟み撃ちに遭い、必死の思いで京都へ敗走した織田信長を救ったことでも知られている。集落内には昔ながらの家屋が残り、当時はさまざまな商品を扱う店が軒を連ねていたそうで、今でも地名には「市場」という文字が残る。

ここから京都まではあと40㎞弱。大原を経て中心部へと至るが、そろそろ日も傾いてき

ゴールの朽木宿に到着。バス待合室で鯖寿司を開く。このときのために熊川宿の食堂で入手しておいたのだ。適度に効いた酢が疲れをいやしてくれる。鯖街道を歩くならやっぱりサバを背負わないとね

た。半日徒歩旅行としてはこのあたりが潮時だ。ベンチに座り、熊川宿で買っておいた鯖寿司を開く。鯖街道を歩くのならやっぱりサバを背負うのがお約束でしょうと自分ルールに満足しつつ、安曇川《あどがわ》駅行きのバスを待つのだった。

DATA

⦿モデルプラン：熊川宿（新道口バス停）→水坂峠→保坂→檜峠→朽木宿（朽木学校前バス停）
⦿歩行距離：約15km
⦿歩行時間：約5時間
⦿アクセス：起点の熊川宿へは京都駅からJR湖西線で近江今津駅まで約1時間。そこからバスで新道口バス停まで約30分。終点の朽木宿からは、朽木学校前バス停よりバスでJR湖西線安曇川駅へ約30分。そこから京都駅へ約45分
⦿立ち寄りスポット情報：熊川宿＝若狭町熊川。℡0770-45-0113（若狭三方五湖観光協会）。朽木宿＝高島市朽木。℡0740-33-7101（びわ湖高島観光協会）

神子畑選鉱場跡とトロッコ道遺構

みこばたせんこうじょうあととろっこみちいこう

兵庫県

一級品の産業遺跡を起点に、当時のトロッコ跡を探り歩く

きっかけは一枚の古い写真だった。山深い斜面に沿って連なる巨大な建造物。足下にはこれまた古代遺跡の神殿を思わせる異形の建物。モノクロ写真なので詳細はわかりづらいが、周囲はおそらく夜。にもかかわらずそこには煌々と明かりがともり、山肌をうっすらと照らし出している。いったいこれはなんだ?

それが神子畑選鉱場だった。選鉱場というのは採掘した鉱石を種類ごとに選別する施設のこと。昭和末期にはすでに操業を停止し、上屋は解体撤去されてしまったものの、鉄筋コンクリート製の基礎部分は頑丈さゆえか今も当時のままの状態で残されており、その様子がなおさら出自不明の遺跡感を醸し出している。兵庫県の山中に眠る、そんな一級品の産業遺跡を目指してみた。

（下写真）現在もコンクリートの基礎が残る神子畑選鉱場跡。当時は24時間体制で稼動、夜間も煌々と照明が灯っていたという。東洋一の選鉱場ともいわれた。1987（昭和62）年、明延鉱山の閉山とともに閉鎖に

起点となるのはＪＲ播但線の新井《にい》駅。駅前から出る小型バスに乗って神子畑へ向かう。駅周辺には古いながらも立派な家が建ち並び、選鉱場が稼動していた当時の賑わいを思い起こさせる。同乗したおじいさんに尋ねてみると、そのころの様子を懐かしそうに話してくれたが、「今じゃほとんど空き家や」と淋しげにつぶやいた。途中のいくつかの集落で乗客はみんな下車。終点の神子畑まで乗ったのは僕ひとりだった。

バスを降りるといきなり目の前に選鉱場跡が立ちはだかっていた。でかい。東向きの山腹、神子畑川に面するように残されたそれはまさに遺跡と呼ぶのにふさ

神子畑選鉱場にはシックナーと呼ばれる巨大な構造物も併設されていた。これは円形水槽状の分離装置で、微細物が混じった液体をゆっくりと回転させて鉱石を分離した

わしい。高低差は約75mもあるそうだ。ひな壇状になっているのは、上から有用鉱物とそうでないものを少しずつ選別して下ろすための構造だ。

当時使われていたインクライン（貨物用ケーブルカー）のレールもそのまま残されている。歪んだレールが年月を感じさせるが、それを上から下へと目で追っていくと、今自分が立っている広場にもレールが埋め込まれ、それがいくつも交差しているのに気づく。鉱石を積んだ貨車をここに集積していたのだろう。

その右手には、昔見た写真でも異彩を放っていた神殿のような構造物が。これはシックナーと呼ばれるもので、最終的に残ったさまざまな残留物を液体から取り出すための分離装置だそうだ。一見、『ウルトラセブン』に登場する侵略宇宙人の秘密基地のような姿も、いわれてみればたしかに超巨大な漏斗状だ。

神子畑選鉱場は、もともとは鉱山として栄え、その歴史は戦国時代にまで遡る。採掘されてきた鉱物も金、銀、銅、鉛、錫と多彩だった。しかし明治時代になると次第に衰退し、やがて閉山。ときを同じくして隣接する明延に大規模な鉱脈が発見され、その選鉱場として再び息を吹き返す。選鉱場前に展示されているトロッコは、当時明延と神子畑を結んでいた明神電車の実車で、鉱石だけでなくとき

敷地内に展示されているかつての明神電車。明延鉱山と神子畑選鉱場をつないでいた。メインは鉱石の搬送だったが、人を乗せるための客車もあった。向かいあって座ると膝がつきそうなほど狭い

には人も運んでいた。運賃が1円だったことから、「一円電車」の愛称でメディアを賑わせたという。

さて。神子畑選鉱場を満喫したところから本日の徒歩旅行は始まる。明延と神子畑を鉄道が結んでいたことは前述したが、神子畑からは、バスに乗った新井駅方面へも鉱石を運ぶ馬車道、そしてトロッコが通じていたという。現在ではほとんど遺構は残っていないようだが、それでも部分的には確認できるとのことなので、そんなものを探しながら帰路は歩いて新井駅へ。

しばらく車道を辿っていくと、川を挟んで右へ小径が分岐していた。なんだかアヤしいなとにらんでそちらへ足を向けると、再び川を渡って車道と合流する。そしてそのとき渡るのが神子畑鋳鉄橋と呼ばれる古色蒼然とした橋。これは1883(明治16)頃に鉱石運搬用馬車道の一部として建造されたもので、鋳鉄製の橋としては日本最古。

その先にも、川のなかに残された橋脚や、出入口を塞がれたトンネル跡など、点々と遺構は目につくが、さすがに線路跡は見つからない。途中、川沿いにいかにもなカーブを描く道が延びていたので、農作業中のおじさんに「あの道って昔の線路跡ですか?」と多少興奮気味に尋ねてみると、「ただの農道や」とヒザの力が抜けるご返事。しかし同時に「あ

選鉱場の下流部で神子畑川に架けられた「神子畑鋳鉄橋」。日本最古の鋳鉄製橋は130年近く経った今もしっかり渡ることができる。当時のこの地がいかに繁栄していたかがうかがえる

んたが立っているそこ。そこに昔線路があったんや」と教えていただく。ここから小川を渡って、今では薮深い山中へ線路は続いていたのだそうだ。

こうして線路跡を辿る旅は行き詰まりを見せたものの、そのころには線路を探すことにはさほど執着はなくなってきていた。周囲を山々に囲まれた畑。そこを抜けていた線路。そんな様子を想像するだけでも十分満足だ。そんなおおらかな気持ちで歩いていたところ、ほどなく現れたのが不自然なほどまっすぐな車道。さほど新しい道にも見えないのにこの直線ぶりはどういうことかと、これまた道沿いの庭で作業中のお父さんに話をうか

がうと、この道こそがかつての線路跡だったというではないか。

「昭和30年くらいやったかな。午前と午後に一度ずつ、ずらりと連なった貨車がここ通ったもんやで」

おお。線路跡にこだわらなくなったときに歩いていたのが線路跡だったとは。なんだか幸せの青い鳥のようである。お礼を告げて駅へ歩きだそうとすると、お父さんからさらに思わぬひとことが。

「こっちだけじゃなくで、川の反対側の土手にもトロッコが通っててな。山んなかで切り出した材木を運んでたで」

なんということ。そんな話は全然知らなかった。川を挟んで鉱山鉄道と森林鉄

コンクリートで入り口を埋められたトンネル跡（写真上）や、川のなかに残された橋脚（写真左）など、神子畑から新井へ向かう道沿いには、そこかしこにかつての遺構が残されている

最後に行きついたまっすぐ続く一本の道。地元の人の話では、ここここそがかつてトロッコ用の線路が敷かれていた軌道跡なのだそうだ。そしてその話から、さらなる展開が待っていた

道が併走していたなんて。対岸へ渡ってみてもとくに遺構はなにもないけれど、そこに延びる土手道はいかにもそれっぽい。達成感を得て大団円を迎えたはずの今回の旅は、最後の最後に再び新たなる疑問符が浮かびあがったのだった。

DATA

⦿モデルプラン：神子畑選鉱場跡→神子畑鋳鉄橋→橋脚跡→トンネル跡→線路跡→JR新井駅
⦿歩行距離：約10km
⦿歩行時間：約4時間
⦿アクセス：起点の神子畑選鉱場へは神戸駅からJR山陽本線で姫路駅へ約40分。そこからJR播但線に乗り継いで新井駅へ約1時間20分。新井駅からは朝来市のコミュニティバスで約20分。月金は4便、火木は3便、それ以外の日は運行なし。終点の新井駅からは播但線、山陽本線経由で神戸駅へ
⦿立ち寄りスポット情報：神子畑選鉱場跡・鉱石の道神子畑交流館「神選」＝朝来市佐嚢1842-1。℡079-666-8002。10:00～17:00。水（祝日の場合翌日）、年末年始休。神子畑鋳鉄橋＝朝来市佐嚢水田1637-7。℡079-672-4003（朝来市役所観光交流課）

旧北陸本線跡

きゅうほくりくほんせんあと

北陸トンネル開通以前、日本海側の鉄道大動脈跡を辿る

福井県

敦賀駅を発車した北陸本線は、まもなく長いトンネルに入った。北陸トンネルだ。敦賀駅と南今庄駅間を結ぶこのトンネルは全長1万３８７０ｍという長大なもの。難工事の末に１９６２（昭和37）年に開通した。これが完成するまでの北陸本線はスイッチバックを用い、海岸線に近い山中峠直下をトンネルで抜けて往来していた。現在、当時の線路跡はそのまま一般道に転用され、道路沿いには駅の遺構や数々のトンネル、信号所跡などが残っているらしい。この廃線跡を歩いてみようと南今庄駅へ向かったのだった。

南今庄駅は北陸トンネルを抜けてすぐにある無人駅だ。改札を抜けると目の前を県道が通っていて、この道が旧北陸本線の線路跡なのだ。駅前には小さな休憩所があり、地元のかたが清掃してくれている。日頃あまり目にすることのない善意に感謝しつつ道を辿る。

北陸本線跡はちょっと見には田んぼに囲まれたごく普通の車道だが、線路跡だけあって直線が主体で急カーブは皆無。田んぼとの境界には築堤が盛られている部分もあって、かつてここに線路が通っていたことがわかる。

歩いていくと道沿いにいくつか小さな集落が現れる。集落内には、家々に寄り添うようにしてかつての道が残っているので、あえてそちらを歩いてみる。北陸本線が開通する以前には、この道こそが人馬の往来する道だったのだろう。軒下にはどっさりと薪が積まれたり、干し柿が吊されたりしていて人々の暮らしも垣間見える。11月上旬だというのにすでに雪囲いで覆っている家もあり、この地の積雪の多さがうかがえる。

道端に鳥居が立っていたので、そこから参道を辿ってみると、なんと拝殿への参道をぶった切るように県道が交差していた。つまり、参道を分断して北陸本線を通したということか。なかなか大胆なことをしたものだ。

再び線路跡を辿ってしばらくすると、石積みの遺構が見えてきた。これは当時あった大桐駅のホーム跡だそうで、ホーム上にはここを走っていた蒸気機関車D51の動輪も展示されている。このあたりから道は次第に上り基調となり、峠を目指しつつあることが体感できる。田んぼ脇を流れていた鹿蒜《かひる》川も眼下に遠ざかった。

道路の先に、今度はコンクリート製の構造物が屋根のように道を覆っている。これは当時のロックシェッド。つまり落石から鉄道を守るためのものだ。ロックシェッドを抜けると、道路の右を併走するように細長いスペースが延びていて、こちらは旧山中信号場の待避線跡地だ。当時敦賀から今庄へは、25‰という急勾配で山中峠を越え、そして下っていくという難所。そんな急斜面では列車交換のための停車や発車すらままならず、そこでわざわざスイッチバック式の待避スペースを作ったのだった。

この先はいよいよ山中峠だ。ここは峠直下をトンネルで抜けていく。トンネル

県道沿いに当時のホーム跡が残されていた。ここはかつて北陸本線にあった大桐駅跡。明治42年に信号所として開設され、その後停車場に昇格。1962(昭和37)年、北陸トンネルの開通により廃止

山中峠の手前に残る山中信号場跡。当時はここにもレールが敷かれており、単線における列車の行き違いに活用した。この峠を越えるために、当時は蒸気機関車を重連で運用したという

の総距離は1170m。電灯は灯っているが、それでも出口の見えないトンネルをトボトボ歩くのはなかなか心細い。ときには天井からしみ出た地下水が落ちてきて、ビクッとなる。ちなみにトンネルの入口脇にはもうひとつトンネルが口を開けているが、こちらは先ほどと同様列車の待避スペースとして作られたもので、つまりは出口のないトンネルだ。

ここからは長短合わせて5つものトンネルを抜けていく。トンネル間で地上に出るときは、右手に敦賀湾の美しい海が姿を見せてくれる。当時鉄道で旅をしていた人も、トンネル直後のこの風景には思わず歓声を上げたのではないだろうか。

やがて左手から自動車の走行音が聞こえてきた。北陸自動車道だ。現在北陸自動車の上り車線にある杉津《すいづ》ＰＡは、当時北陸本線杉津駅があった土地をそのまま転用したもの。ならばここで今回の旅を締めくくるのもキリがよさそうだ。果たしてこのＰＡは外から人だけ入れるのかおそるおそる裏へ回ってみると。大丈夫。ちゃんと歩行者も利用できた。ＰＡ内にはかつてここが杉津駅だったことを示す解説板も掲げられている。もっとも、ＰＡでは徒歩旅行は終えられないので、そこから九十九折りの車道を下って海辺の杉津集落までもうひと歩きすれば、敦賀行きのコミュニティバスを拾える。

長さ310mの第二観音寺トンネルを抜ける。このトンネルは1895（明治28）年ごろに掘られたという。合計6本のトンネルを抜けたが、どこも内部に照明が灯っているのがありがたかった

トンネルを抜けると、そこには敦賀湾の青い海が広がっていた。暗いトンネルと、陽光輝く風景とのコントラストが目に眩しい。海の向こうに見えるのは敦賀半島だ

バス停でリュックを下ろし、自分が歩いてきた山並みを振り返る。そこにはかつて北陸本線が抜けていた場所をなぞるように北陸トンネルが抜け、そして2023（令和5）年の開通を目標に、北陸新幹線のトンネルがさらに建設されつつあった。

DATA

⊙モデルプラン：JR南今庄駅→大桐駅跡→ロックシェッド跡→旧山中信号場待避線跡地→山中トンネル→杉津PA→杉津バス停

⊙歩行距離：約13km

⊙歩行時間：約4時間半

⊙アクセス：起点のJR南今庄駅へは京都から東海道本線、北陸本線を乗り継いで約2時間10分。終点の杉津バス停からは敦賀市のコミュニティバスで敦賀駅まで約20分、敦賀駅から京都駅へは北陸本線で約1時間40分

⊙立ち寄りスポット情報：大桐駅跡＝南越前町新道。℡0778-47-8013（南越前町役場観光まちづくり課）。山中トンネル＝南越前町山中。℡0778-37-1234（越前町観光連盟）

だいぶつてつどうあととならのだいぶつ

大仏鉄道跡と奈良の大仏

明治のつかの間、奈良の大仏を目指した鉄路を追って

奈良県

大仏鉄道は明治期に運行されていた幻の鉄道だ。当時の関西《かんせい》鉄道が開通させたこの路線は、京都の加茂から奈良の大仏にほど近い大仏停車場、そして奈良を結んでいたことからこの名で呼ばれ、盛期には参拝客で大いに賑わったという。

しかし総距離にして10㎞足らずのこの路線には、ひとつウィークポイントがあった。それは路線の途中にあった黒髪山トンネル越えで、トンネルに至るまで25‰にもなる急勾配は、イギリスから輸入した最新の蒸気機関車にとっても困難な場所だったそうで、やがて会社の合併やこの難所を迂回する木津駅経由の路線開通などにより、大仏鉄道の需要は減少。わずか9年で廃線となった。

その後線路ははがされ、一般道として沿線住民に利用されることになったが、橋脚や隧

道といった当時の遺構はそのままに残されており、それらをつなぐハイキングコースが整備されている。そんな１００年以上前に走っていた鉄道の痕跡を歩いてみたい。

起点となるのは関西本線の加茂駅。地理的には京都府の木津川市だ。改札を出て西へ線路沿いを歩くとすぐに登場するのが古いレンガ積みの建物。これはランプ小屋と呼ばれる大仏鉄道の遺構で、機関車の前照灯などを保管するのに用いられていたらしい。

その先で渡る踏切からは指導標がしっかりしており、迷うことも少ないだろう。少し歩いたところには、かつて関西本線を走っていた蒸気機関車Ｃ57も保存展示されている。

ほどなく道は「田園風景を楽しむコース」と「歴史を感じるコース」に分かれるが、ここは田園コースを選択。いずれを選んでも再び合流することになる。一度関西本線から離れ、石部川の土手に沿って歩く。田園風景を楽しむコースだけあって周囲には田畑が広がり、奥の小山は新緑が美しい。クルマの往来がないのもいい。

しばらくすると眼前に再び関西本線が現れるが、それと併走するように残っていたのが大仏鉄道の観音寺橋台だ。両方とも造られたのはほぼ同時期だが、関西本線のほうは今も頻繁に列車が往来するのに対し、大仏鉄道は橋台が残るのみ。表面は苔むし、線路が通っていた上部からは雑草がぞろりと垂れ下がっている。まさに遺構、いや遺跡といったほう

田園地帯をしばらく歩いた後、まず現れるのがこの観音寺橋台。手前には、同じ時代に完成したJR関西本線が今も現役で併走している。花崗岩の切石積みによる橋台はすっかり草木とコケに覆われている

がしっくりくるか。

そこからは関西本線と併走しながら進む。いつしか周囲は深い竹林に覆われて趣深い。道端には古い角材が使われた柵が延びているが、この角材、どう見てももともとは線路の枕木だ。はたして大仏鉄道に関係するものなのだろうか。そしてそんな竹林の向こうに姿を見せたのが鹿背山《かせやま》橋台だ。これはもともと鉄道の下に流れていた水路を通すために築かれたそうで、現在も用水が流れている。ここの橋台自体は西洋の技術が用いられているのに対し、入口の左右の壁、いわゆる翼壁と呼ばれる部分は日本在来の石垣技術が用いられているそうで、見くらべれ

ばたしかにその様子は異なり、内外の技術を混用していた明治という時代を感じさせる。

そしてその先には梶が谷隧道。シンプルなアーチ構造のこのトンネル、かつては重い蒸気機関車が走っていただけあって重厚な造りだ。梶が谷隧道の次には赤橋と呼ばれる橋台も現れて、このふたつを右へ左へとくぐりながらコースはジグザグに進む。周囲には「畑へ入らないで」といった注意看板が多く、おそらくこのコースを設定するにあたっては地元のかたとの折衝もあったのではないか。

それまでいかにも里山の趣だった周囲の様子も、このあたりから少しずつ変わ

鹿背山橋台は用水路を寸断させない目的で造られたため、人ひとり通り抜けるのがやっとの幅しかない。その下には現在も水が流れている。橋台と翼壁部分で、石積みの工法が異なるのが興味深い

鹿背山橋台の次に登場する梶が谷隧道。下部は御影石、上部はレンガ積みで造られている。装飾のないシンプルな構造だがそのぶん頑強なのか、100年以上経た今日も現役で利用されている

ってくる。住宅街も目につくようになり、道にはクルマの往来も増える。さらに幅の広い県道へと合流すると、道端には県境を示す「奈良県」の表示が掲げられていた。

奈良県に入るとすぐに道は登り基調になり、山を切り通し状に削った地形が現れた。蒸気機関車泣かせだった黒髪山トンネルの跡地だ。黒髪山トンネルは、大仏鉄道の廃線後も長く残っていたが、1964（昭和39）年、この県道の拡張工事にあたって取り壊されたそうで、当時を偲ぶ遺構は何も見られなかった。

ここを越えれば奈良市の街中まで道は一気に下っていく。そのまま奈良駅まで

かつてここには黒髪山トンネルが抜けていたが、廃線後の道路工事によって切り通し状に開削され、トンネルも消えた。上空に見える橋が当時あった山並みの尾根筋にあたるという

まっしぐらに歩いてもいいけれども、せっかく大仏鉄道の遺構を辿って歩いてきたのだ。やっぱり最後は東大寺の大仏様のご尊顔を拝んでいくべきだろう。

DATA

⦿モデルプラン：JR加茂駅→ランプ小屋→C57保存展示→観音寺橋台→鹿背山橋台→梶が谷隧道→赤橋→鹿川隧道→黒髪山トンネル跡→東大寺→近鉄奈良駅
⦿歩行距離：約13km
⦿歩行時間：約4時間半
⦿アクセス：起点の加茂駅へは大阪駅からJR関西本線で約1時間10分。終点の近鉄奈良駅からは近鉄奈良線で大阪難波駅まで約40分
⦿立ち寄りスポット情報：大仏鉄道遺構＝✆0742-27-2223（奈良市観光協会）。東大寺大仏殿＝奈良市雑司町406-1。✆0742-22-5511。7:30～17:30（11～3月8:00～17:00）。一般600円

生野銀山とトロッコ軌道跡

いくのぎんざんと とろっこきどうあと

兵庫県

日本有数の銀山へ、かつてのトロッコ跡はその先へ続くのか

日本は資源に乏しい国だ。石油は輸入に頼っているし、ダイヤモンドが採掘されたなんていう話も聞かない。しかし規模こそ小さいものの、過去には金、銀、銅、鉄、石炭などさまざまな鉱物資源が採掘されてきた。これは地殻変動が大きい日本の地理的環境が関係しているらしいが、それも次第に枯渇、低品質化、採掘コストの上昇などから経営が成り立たなくなり、戦後次々に閉山していった。

その後、それらのなかには観光鉱山として生まれ変わったものもあり、今回目指す生野銀山もそのひとつ。銀山で栄えた生野の町を歩きながら往年の息づかいを感じてみよう。

生野駅へ降り立つと、そこにはいきなり重厚な三階建て旅館が建っていた。1909（明治42）年に建てられたこの旧日下旅館は、1921（大正10）年に三階建てに増築された

「甲社宅」は、かつて生野銀山に勤務していた官吏や技術者が暮らしていた社宅を復元したもの。並んでいる4棟はそれぞれ異なる時代の社宅を再現。室内も見学できるようになっている

そうで、つまりそれだけ来訪者が多かったということだろう。現在は国の有形文化財にも登録されている。

この旅館にかぎらず、生野駅周辺には当時の繁栄ぶりをうかがわせる建造物がいくつも残っており、それらのいくつかは博物館や資料館として見学も可能だ。なかでも興味深かったのは、鉱山労働者の官舎を復元した旧生野鉱山職員宿舎「甲社宅」。4棟並ぶ住宅は、それぞれ明治や大正など異なる時代のそれを復元、当時の家財道具なども置かれている。ゼンマイ式のレコードプレーヤーも保存されており、そこから流れているのは『生野鉱山保安の歌』。スピーカーから流れ

てくる軽快なメロディが時代を感じさせる。この曲で入山前の準備運動でもしていたのだろうか。

市川のほとりには、当時鉱石を輸送するために敷設されていたトロッコ軌道跡の石積みが残されていて、一部は遊歩道として整備されている。

鉱山跡向かうのにもやはり川沿いの国道を辿っていくのだが、そのとき対岸に続く一本の細い道が気になった。状況から考えれば先ほどのトロッコ軌道跡の続きだろう。橋を渡って確認してみると、雑草が生え、落石がごろごろしているが、道自体はしっかりしている。とくに立ち入り規制もなかったので、行けるところまで歩いてみることにする。

道は川と崖に挟まれながら続いていく。鉱石を積んだ貨車がここをゴトゴトと走ったのだろう。やがて少しずつ路面が荒れてきた。台風や豪雨によるも

町に沿うように流れる市川には、当時のトロッコ軌道跡が今も残っている。アーチ状に組まれた石積みが美しい。現在この部分は整備され、気持ちのよい散策路となっている

のだろうか、崖から土砂が流れ出して道をふさぐ場所がいくつも現れたのだ。この土砂がけっこうユルユルで、さらに川側が高さ数ｍの崖になっているのが気になる。それでもひとつずつ慎重に越えていると、とうとうひどい難所が出現してしまった。崩壊した橋である。床版は完全に抜け落ち、高度もそこそこあり、そんな場所にかぎって崖側は大きな一枚岩ですっぱり切れ落ち、へつるのも難しそうだ。

さて、どうするか。いやどうもこうもない。危険を冒さなくても目的地には行けるのだ。ここは撤退である。こういうときは得てして、「ここさえ越えればなんとかなる」と思いがちだが、現実にはさらなる難所が待つ可能性もある。そしてそこから引き返すには、ここを再び突破しなくてはならない。実際、橋まで戻って国道を辿りながら軌道跡を観察し

てみると、鉱山の手前にはもっとやばそうな崩壊場所があって、安堵の息をつく。

　そんなハプニングがありつつも、ようやく鉱山跡『史跡生野銀山』へ到着である。生野銀山が開かれたのは平安時代とされ、その後、信長や秀吉、家康らが直轄地として管理、明治に入ってからは政府によって運営された。

　坑内には周回するように見学コースが設けられている。江戸期に掘られた、人ひとりが這うのがやっとの小さな穴から、エレベーターを用い地下900mを掘り進めるようになった近代の遺構まで、400年にわたる鉱山の様子を俯瞰できる。いやこの場合は虫瞰か。

いずれにせよ、いつの時代も採掘というのがいかに過酷な仕事だったかうかがい知れるが、それ以前に、坑道の奥深くでしかもこんなに狭いスペースで一日中作業を続けるなんて、たとえ閉所恐怖症でなくてもパニックを起こしてしまいそうだ。資源の枯渇や高コスト化だけでなく、そんな過酷な労働環境も原因のひとつだったのかもしれない。生野銀山は１９７３（昭和48）年に閉山。１２００年にわたる歴史を終えた。

　鉱山跡から駅への帰路こそはさっきの軌道跡をリベンジ、なんてことはするはずもなく、おとなしく路線バスに揺られて戻ったのだった。

DATA

⦿モデルプラン：JR生野駅→旧日下旅館→トロッコ軌道跡→旧生野鉱山職員宿舎→トロッコ軌道跡続き→史跡生野銀山→生野駅

⦿歩行距離：約6km

⦿歩行時間：約2時間半

⦿アクセス：起点の生野駅へは神戸駅からJR山陽本線、播但線を乗り継いで約2時間。終点の生野銀山からはバスで生野駅へ約8分、そこから播但線、山陽本線を乗り継いで神戸駅へ

⦿立ち寄りスポット情報：旧日下旅館＝朝来市生野町口銀谷1958。📞079-672-4003（朝来市観光交流課）。旧生野鉱山職員宿舎「甲社宅」＝朝来市生野町口銀谷697-1。📞079-670-5005。9:00～17:00。月（祝日の場合は翌日）、年末年始休。史跡生野銀山＝朝来市生野町小野33-5。📞079-679-2010。9:10～17:20（11月～16:50、12～2月9:40～16:20、3月9:40～16:50）。12～2月の火（祝日の場合翌日）休。一般900円

当初は快適に歩けた対岸の道も、次第に荒れ始めて撤退を余儀なくされた（写真右上）。生野銀山の見学はこの金香瀬坑から。アーチ型の立派な坑口は、明治時代にフランス人技師を招聘して設計したもの（写真右下）。坑内にはさまざまな時代に掘られた坑道が残され、当時の技術力をうかがえる（写真左上）。銀山には60体ものマネキンが各時代の作業風景を再現している。どれも不自然なほどに美形ぞろいで、まさに「地下アイドル」！（写真左下）

半日徒歩旅行の心得⑥

鉄道利用あれこれ

今回の関西旅では、交通系ICカード『イコカ』が活躍してくれた。関西は私鉄の交通網がとても充実しているだけでなく、JRと競合する路線も多数あって、目的地への路線選択に迷うことがしばしばあったし、地下鉄や私鉄の乗り継ぎも多かったが、そんなときもイコカですべてクリア。

路線バスでも使えることが多く、とくに運賃がわからないバスの場合、小銭の確保から解放されるのがうれしい。カード作成時に保証金500円を預ける必要があるが、これは解約時に返金される。その土地の交通網に暗い人間ほど交通系ICカードは使うべきだなと認識した次第だ。

ひとつ意外だったのが、イコカの利用可能エリア。西は山口県の南岩国駅、北は石川県の金沢駅、南は和歌山県の新宮駅と広大なのに、東だけは滋賀県の米原とずいぶん近い。JR東海との兼ね合いだろうが、鈴鹿山麓から醒ヶ井駅にゴールしたとき、すでに圏外だったのはびっくりだった。

また今回、東京と関西間を10回ほど新幹線で往復。オトクな切符がないかいろいろ模索したところ、旅行代理店が売る新幹線と宿のセットが最も割安のようだった。

ただしデメリットもあって、額面通りの安さで購入するには乗る時間帯が限られ、それ以外は追加料金が発生する。復路の新幹線の予約が最初から必要なのも不便。

もちろん体力に余裕のある人は高速夜行バスもあるし、体力にも時間にも余裕のある人は青春18きっぷで在来線利用も手だ。

第7章 街を探検徒歩旅行

日本が誇る名城から、雑踏に紛れる都市の山、見慣れた街中に潜むまだ見ぬ光景を求めて縦横無尽。

姫路駅へ向かう道すがら、振り返ると姫路城が夕陽に染まっていた。築城以来、400年以上にわたって城下町を見下ろしてきた。太平洋戦争下、姫路も空襲にさらされたが奇跡的に破壊を免れた

おおさかごていさんじゅうそう

大阪府

大阪五低山縦走

大阪市内を南北に延びる、想像上の縦走路を歩く

「大阪五低山」と呼ばれる山々がある。いずれも大阪市内にある標高30m足らずの山々で、丘や古墳といったものが素性らしい。これをまとめて縦走してみようと、それぞれの山を地形図上で眺めてみる。帝塚山《てづかやま》、聖天《しょうてん》山、茶臼山、御勝《おかち》山、そして天保山。どれも大阪市内に連なっている山なのだが、天保山だけがポツンと独立峰のように離れており、これも含めると距離的に半日のくくりではやや苦しくなる。さらにいえば天保山は64ページで紹介した『大阪港の渡し船全部乗る』の通過点でもある。ならばこのさい天保山はおいといて、ほかにめぼしい山はないかと探したところ見つけたのが宰相《さいしょう》山。こちらは御勝山の北。これを地図上にポイントしてみると、おお、帝塚山から宰相山まで、大阪市を南北に走る（想像上の）尾根が見えてきたではないか。

帝塚山は4世紀末から5世紀初頭にかけて築城された古墳だった。被葬者はわかっていないが、地元では浦島太郎の墓ではという説もあるらしい。頂上に立っているのは明治天皇の来訪を記念した石碑

登山口は南海電鉄の帝塚山駅。小さな駅舎を出て踏切を渡ってすぐ先に、標高20mの帝塚山はあった。いや正確には帝塚山古墳。帝塚山は古墳なのだ。だからだろう、周囲は厳重に柵がされていて頂上に立つのは難しそうだ。どこかに登山口はないものかと、山のまわりを一周するが住宅に囲まれていてとりつく島もない。しかも家々はどれも立派で、どうやらこのあたりは高級住宅街のようだ。

とりあえず山頂に最接近して写真を撮ったら次の山、聖天山を目指す。帝塚山駅から北にまっすぐ延びる道を辿ると現れたのは、『神皇正統記』で知られる北畠親房を祀った阿部野神社。そこからは

聖天山の頂上には正圓寺というお寺が建っていた。『徒然草』で知られる吉田兼好は、南北朝時代にこの付近に暮らしていたという。地元では「天下茶屋の聖天さん」と親しまれている

細かな道が不規則に錯綜していて道に迷いそうなので、こまめに地図をチェックしつつ聖天山へ。こちらは聖天山公園として整備され、頂上には正圓寺というお寺がある。正殿にしっかりと山頂標が建てられていた。標高14m。

聖天山からは再び住宅街を抜けて茶臼山へ。しかしその途中で不思議なエリアに突入してしまう。ちょっとした商店街に出たようだったが妙に華々しい。沿道には提灯が掲げられ、看板には女性の名前らしきものが書かれているだけでなんの店かは不明。お祭りでもあるのだろうかと思った瞬間、いきなり軒先にいたおばちゃんに声をかけられた。

「お兄さん、かわいい子おるでぇ」声がするほうに視線を向けるとそこにはおばちゃんとともに極端に薄着の若い女性が座っている。その瞬間、ピンときた。話には聞いていたがここがあの「飛田新地」か。地元の人なら常識なのだろうが、土地勘のないよそ者ならではのミス。結果的には冷やかしみたいなことになってしまい申しわけなかった。しかし時間はまだお昼前。仕事熱心だなあ。

やがて道は天王寺駅に至り、眼前には高さ300mのあべのハルカスがそびえている。飛田新地との町並みのギャップがすごい。

次なる茶臼山ももともとは茶臼山古墳と呼ばれる墳墓だそうで、それ以上にここは大阪の陣における戦場だったことで知られている。冬の陣では徳川家康が、夏の陣では真田幸村が陣を張った山なのだ。標高26m。山頂に設置された真新しい三角点標柱には徳川家の三つ葉葵、真田家の六文銭と、両家の家紋が彫られていた。

茶臼山からは進路を東へ。四天王寺を抜けてしばらく歩くと辿りつくのが御勝山。こちらは大阪冬の陣で徳川秀忠が陣を張り、結果勝利したことからこの名で呼ばれているとのこと。ここも本来、前方後円墳だったものが戦乱で痛み、「前方」部分は現在公園となり、「後円」だけが柵に囲まれて残っている。

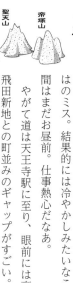

雄勝山からは北上して最後の宰相山へ。途中には有名な鶴橋のコリアンタウンもあるので、昼食に合わせるといいかもしれない。宰相山周辺は公園として整備され、そこに祀られる三光神社には真田幸村の像が建ち、その脇には幸村が密かに掘ったとされる抜け穴も現存している。諸説あるものの、有名な真田丸が築かれたのもこのあたりらしい。開発が進み、また地形も複雑でいったいどこが宰相山の頂上なのかはわかりにくいが、宰相山公園の西側、現在、大阪明星学園が建つあたりが地形的に一番高く、そのテニスコート脇には「真田丸顕彰碑」と彫られた石碑もあったので、とりあえずこ

ビル街を抜けたところに茶臼山はあった。山を含む周囲は公園になっていて、人々が思い思いに寛いでいる。山頂に埋めこまれた三角点は、「大阪の陣跡」という文字も彫られた立派なもの

宰相山まで歩いてくると、そこから大阪城までは少しの距離。大阪城といえば豊臣秀吉が築いたことで知られるが、現在目にできるのは、その後徳川秀忠によって再建されたものの遺構が大半

こを山頂と勝手に認定。標高15m。

大阪低山の旅は後半、大阪の陣と深く関わっていた。そしてさらに北上すればそこには大阪城。標高約55m。人工物ではあるが、最後はこの最高峰に登頂して旅を締めよう。

DATA

⊙モデルプラン：南海帝塚山駅→帝塚山→阿部野神社→聖天山→茶臼山→御勝山→宰相山→大阪城天守閣→JR大阪城公園駅
⊙歩行距離：約14km
⊙歩行時間：約5時間
⊙アクセス：起点の帝塚山駅へはなんば駅から南海高野線で約10分。終点の大阪城公園駅からはJR環状線で大阪駅へ約10分
⊙立ち寄りスポット情報：帝塚山＝大阪市住吉区帝塚山西2-8。阿部野神社＝大阪市阿倍野区北畠3-7-20。☏06-6661-6243。聖天山＝大阪市阿倍野区松虫通3-2。茶臼山＝大阪市天王寺区茶臼山町1。御勝山＝大阪市生野区勝山北3-16。宰相山＝大阪市天王寺区真田山町。大阪城天守閣＝大阪市中央区大阪城1-1。☏06-6941-3044。9:00～17:00。年末年始休。一般600円

安土城址《あづちじょうせき》

織田信長の足跡を追い、安土城址から京都を望む

滋賀県

日本人で織田信長を知らない人はまずいないだろう。少年期には奇天烈な行動が多く、周囲からはうつけ呼ばわりされていたものの、桶狭間の戦いで今川義元を破り、戦国大名としての名声を一気に上げる。京都から将軍を追放、浅井、朝倉、竹田氏といった有力大名を破り天下人への階段を昇りつめるも、１５８２（天正10）年に明智光秀の謀反によって48歳の生涯を終えた。茶の湯や相撲に興味を示すいっぽう、宣教師にもたらされた西欧文化にも強い関心を持っていた。そんな彼が生前に築城し、死してほどなくして謎の焼失を遂げたのが安土城だ。この安土城址を中心に、信長を偲びつつ安土を歩いてみよう。

東海道本線を下車したのは安土駅。駅を降りると目の前にあるのが『安土城郭資料館』だ。ここには信長や安土城に関するさまざまな資料が展示されているが、見ものは20分の

1スケールの安土城模型。精巧に再現されたカットモデルは内部構造もよくわかる。この模型によると、地下1階地上6階建てだった安土城は、そのうち3階までは吹き抜けになっており、そこには宝塔が安置されていたそうだ。巨大な吹き抜けといえば、今でこそ開放感あふれる構造としてビルなどにも採用されているが、戦国時代の城になぜそんな構造を。それこそ火を点けられたら一気に天守まで火がまわってしまいそうではないか。

　もうひとつここで知ったのは、信長は安土城に常住していたらしいこと。当時の城といえばあくまでも戦時のための要塞で、平時は近隣の住居、いわゆる御殿

（上写真）安土駅前には織田信長の像が立っていた。手前には滋賀県名物の「飛び出しぼうや」もあるが、こちらも信長バージョンになっている。これ以外にもさまざまな「飛び出し信長」を見かけた

「安土城天主 信長の館」には、復元された安土城最上部の二層が展示されているほか、信長が徳川家康をもてなした際の豪華な本膳料理のイミテーションも再現、展示されている

に住むものだったと聞く。しかしそんな常識を無視し、彼はここで生活しようしたというのだ。現代人からしても意外性だらけの彼の性格、当時にしてどれだけ破天荒だったかがうかがい知れる。

駅からは東へ。駅周辺には住宅街が広がるがすぐに田園地帯となり、その奥に見えるのは観音寺山。その麓まで琵琶湖の風に吹かれつつ歩くと現れるのが『安土城天守信長の館』と呼ばれる建物で、こちらの目玉は1992（平成4）年のセビリア万博に出展された原寸大安土城の5、6階部分の復元。金箔と漆がふんだんに用いられたその姿は豪華絢爛。セビリアからの移築に際しては、新たに庇屋根や金箔の鯱なども再現したそうだ。

これに隣接するのが『安土城考古博物館』。こちらは安土城のみならず、この地方の縄文、古墳時代などの発掘物を展示している。ここでもひとつ疑問が解決した。地形図で安土城址を確認すると、周囲を田園に囲まれ、琵琶湖を遠望できるものの、東には大きな観音寺山が立ち、それほど地の利は感じられなかった。

だがここにある当時のジオラマを見れば納得。現在安土城を囲むように広がる田園はすべて琵琶湖の一部だったのだ。城のある安土山は琵琶湖に突き出した半島状の地形で、まさに湖に囲まれた天然の要塞だったわけだ。ちなみに周囲は1946（昭和21）年から始まった干拓事業によって開墾されたという。

ここからは安土城址を目指す。敷地内から延びる舗装路を辿れば、まもなく着くのが北腰越。ここは、もともとは観音寺山と安土山とをつなぐ鞍部だったものを、安土城築城の際に便宜を図って切り通しで整備した。現在もここには県道が抜け、多くの自動車が往来している。そして北腰越から安土城はすぐ。

入口から見上げれば延々と延びる石段にたじろぐ。安土山に築城されているのだから当たり前なのだが、安土城、山城だったのね。それでも一段一段登っていくと、周囲には当

時の家臣だった前田利家や羽柴秀吉の住居跡という説明があり、安土城は信長のみならず、家臣ともども暮らす山上都市のような存在だったことがわかる。

それにしても石垣の数が途方もない。これだけ用意するのはいかに大変だったか。なかには唐突に石仏が彫られたものなども混じっており、つまりはそれだけ石材集めに苦心したということだろう。

息を切らせつつようやく天守台跡へ。そこには当時の礎石がそのまま残されており、それと同時に、発掘が始まったのは昭和に入ってからということにも驚かされる。天守台跡から西を望めば琵琶湖。そしてその先には信長が焼き討ちをした

安土城には長い長い石段が続く。全国から数多くの職人を集め、3年の年月をかけて完成。完成後、信長はここに居住したが、その3年後には本能寺の変で命を落としている

天守台跡から京都の方角を望む。現在琵琶湖と安土城の間には田畑が広がっているが、これは戦後に干拓されたもの。信長の時代にはすぐ足元まで琵琶湖の水が寄せていた

比叡山。比叡山の向こうはもう京都だ。信長もここから同様の光景を眺めたことだろう。そのとき彼の心中にはどんな思いがあったのか。そんな歴史の瞬きを見つめながら、安土駅へと足を向けた。

DATA

⦿モデルプラン：JR安土駅→安土城郭資料館→安土城天守信長の館→安土城考古博物館→安土城址→安土駅
⦿歩行距離：約7km
⦿歩行時間：約3時間
⦿アクセス：起終点の安土駅へはJR京都駅より東海道本線で約50分
⦿立ち寄りスポット情報：安土城郭資料館＝近江八幡市安土町小中700。℡0748-46-5616。9:00～17:00。月(祝日の場合翌日)、年末年始休。一般200円。安土城天守信長の館＝近江八幡市安土町桑実寺800。℡0748-46-6512。9:00～17:00。月(祝日の場合翌日)、年末年始休。一般610円。安土城考古博物館＝近江八幡市安土町下豊浦6678。℡0748-46-2424。9:00～17:00。月(祝日の場合翌日)、年末年始休。一般500円。安土城址＝近江八幡市安土町下豊浦。℡0748-46-6594。8:30～17:00(季節変動あり)。一般700円

港町・神戸を山手から海へ

みなとまち・こうべをやまのてからうみへ

歴史と異国情緒にあふれる街並みをそぞろ歩く

兵庫県

新幹線の新神戸駅から外に出ると背後には六甲の山々。目の前には坂道が延び、道も川もそのまま海へ向かって下っていく。神戸が山と海に挟まれた扇状地に発展してきたことがよくわかる風景だ。古くは遣隋使の時代から港が開かれ、江戸末期には国際港として外国人居留地も造られたこの町を、海へと目指して歩いてみよう。

歩きはじめていきなり寄り道をする。新神戸駅直近にある竹中大工道具館だ。ここは竹中工務店が運営する博物館で、その名の通り大工道具に特化した、日本はもとより世界的にみても希有な存在だ。さまざまな大工道具の発展に始まり、歴史的な名工が実際に使用してきた道具も展示。道具のみならず材として使用する樹種の特性や、釘を使わずに接合する「継手」についても、実際に手でふれられるように展示されている。ＤＩＹに多少と

（下写真）異人館通りのランドマーク的存在である「風見鶏の館」。1904（明治37）年にドイツ人貿易商によって建てられた。第一次世界大戦の勃発により、帰国中だった主が再びこの家に戻ることはなかったという

も興味ある人間なら釘づけになること請け合いだ（大工道具だけに）。

大工道具のなかでも、とりわけ細分化されてきたんだなとわかるのが鑿《のみ》と鉋《かんな》。用途ごとに形状や大きさの種類が膨大だ。墨壺もなかなかマニアックな道具で、使いこなせたらカッコいいだろうな。実際に自分が使っているのは、安価で手軽なが電動工具だけど。ちなみに金槌と玄翁《げんのう》の違いはここで知りました。

竹中大工道具館を後にしたら、そのまま西へ歩けば神戸観光の目玉ともいえる北野の異人館通りだ。ここには開国後に日本で暮らした外国人の家が数多く残されている。神戸の中心から離れた山麓に

神戸ポートタワーの高さは108m。日本で初めてライトアップが施された建物でもある。建築当時は埠頭の上に建っていたが、その後周囲の埋立てが進み、現在は埠頭のたもとに位置する

建てられていたため、戦災も免れたらしい。

異国情緒あふれる風景を求めてこの日も多くの観光客が訪れていたが、そのいっぽう気になったのは、住む人がいなくなったのか荒れ放題になった洋館も散見されたこと。なかには廃墟同然のものもあって、ちゃんと手入れされていたら住みたい人もいるだろうに、というか僕が住みたい。事情はあるのだろうけれど、なんとももったいない話である。

坂道を海へと下っていく。道筋にはインド料理店やギリシャ雑貨店など、エキゾチックな店が軒を連ね、ときにはモスクやジャイナ教寺院なども現れて、ここが今もインターナショナルな町であることがよくわかる。

坂を下りきったところにあったのが、神戸の鎮守ともえる生田神社。縁起によればその歴史は西暦にして201年にまで遡るそうで、そもそも神戸という地名自体も「神社に寄進された土地」に由来しているらしい。今も「生田の森」と呼ばれる鎮守の森が守られていて、見事な巨樹がそびえている。

ここまで来てJRの高架をくぐれば、中華料理店がひしめく南京町はすぐそこ。食べ歩きを楽しむのにもうってつけだろう。神戸港の象徴ともいえる神戸ポートタワーまでもわずかな距離だ。

この神戸ポートタワー、僕のなかでは1981（昭和56）年に開催され、地方博覧会の嚆矢《こうし》ともなった神戸ポートアイランド博覧会のとき建てられたと誤解していたのだが、実はできたのは1963（昭和38）年。はるかに昔の話だった。そしてこの博覧会の愛称がポートピア。この名前からは大ヒットしたファミコンソフトを思い出す人も多いだろう。

ポートタワーから少し東へ歩くと震災メモリアルパーク。そしてメリケン波止場。ここには阪神淡路大震災で壊滅的被害を受けた波止場の一部がそのまま保存されている。グダグダに歪んだ地面、それぞれがあさっての方向に傾いた街灯を

見るに、地震の激しさが伝わってくる。あの地震が起きたのもついこの間のような気がするが、実際には1995（平成7）年。もう25年以上昔の話なのだ。今の若者が情報としてしか知らないのももっともだ。メリケン波止場の被災跡を、小さな子どもが不思議そうに眺めていたのが印象的だった。

この界隈には、商船三井ビルディングや旧居留地15番館など、近代産業遺産に登録されている建造物が数多く残っている。そんな町並みをそぞろ歩きながら神戸の変遷を体感するのも楽しい。少し東へ行けば日本で一番短い国道として知られる174号線も近い。その総距離わず

阪神淡路大震災で受けた被害をそのまま保存したメリケン波止場。さまざまな方向に傾いている街灯が、地震のエネルギーの凄まじさを物語る。4万人を越える死傷者が出る大惨事となった

かに187m。これを全線踏破すればちょっと自慢に、はならないか。北上すれば神戸の中心、三宮までもすぐの距離だ。

神戸の中心からもほど近いところにある国道174号線。日本で一番短い国道だそうだ。歩いても２～３分で踏破できてしまう。ただし距離は短くても、幅は11車線もある重要な産業道路だ

DATA

⊙モデルプラン：JR新神戸駅→竹中大工道具館→異人館通り→生田神社→神戸ポートタワー→震災メモリアルパーク→商船三井ビルディング→居留地15番館→国道174号線→三宮駅

⊙歩行距離：約7km

⊙歩行時間：約2時間半

⊙アクセス：起点の新神戸駅へは三宮駅から神戸市営地下鉄で約2分。終点の三宮駅へは徒歩

⊙立ち寄りスポット情報：竹中大工道具館＝神戸市中央区熊内町7-5-1。℡078-242-0216。9:30～16:30。月（祝日の場合翌日）、年末年始休。一般700円。生田神社＝神戸市中央区下山手通1-2-1。℡078-321-3851。震災メモリアルパーク＝神戸市中央区波止場町2。商船三井ビルディング＝神戸市中央区海岸通5。旧居留地15番館＝神戸市中央区浪花町15

伏見稲荷から清水寺《ふしみいなりからきよみずでら》

山を越え、町を抜け、
京都の二大スポットをつなぐ

京都府

伏見稲荷と清水寺。どちらも京都観光トップチームの一員だ。このふたつを併せて訪ねるには京阪電車が便利だけれども、実は距離的には徒歩でも十分可能。しかも途中には徒歩でしか抜けられないような山道もある。伏見稲荷と清水寺は、ともに稲荷山と清水山という山を擁してもいる。ならば京都の街中でこれらの山をつなぐ旅を楽しんでみようじゃないか。

京阪本線の伏見稲荷駅、または奈良線の伏見駅が伏見稲荷の最寄り駅だ。参道に入ればすぐに巨大な赤い鳥居が迎えてくれる。伏見稲荷は正しくは伏見稲荷大社。全国にあまたある稲荷神社の総本社だ。ご存じのようにその神使はキツネ。キツネといえばお稲荷さんということで、まずは参道に並ぶ茶屋でいなり寿司をいただく。お供もきつねうどんかと

（下写真）延々と続く伏見稲荷の千本鳥居。海外からの旅行者にも大人気の撮影スポットだ。感謝をこめて奥社への参道に鳥居を奉納するという信仰は、江戸時代にはすでに一般化していたという

も思ったが、ここは京都名物のニシンそばをチョイス。これから始まる徒歩旅行へのエネルギーを仕込んでおこう。

伏見稲荷といえば最も知られているのが千本鳥居。鳥居が延々と続く風景は、なにかで一度は目にしたことがあるだろう。実際にここを歩いてみると、まるで自分がここではないどこか、異界へでも向かっているかのような不思議な気持ちになってくる。朱一色という視覚効果もさることながら、これらの鳥居のひとつひとつが大願成就へのお礼として奉納された、つまりは気持ちが込められていることも影響をしているのかもしれない。ちなみに千本鳥居と呼ばれてはいる

が、実際の数は約1万基とケタ違いだ。

息を切らせつつ四ツ辻や間《あい》ノ峰《みね》を越え、やがて頂上にあたる一ノ峰へ。途中には随所に茶屋が店を開けていて、登り疲れた参拝者たちの絶好の休憩場所になっている。ちょっとだけ、あるいは途中まで千本鳥居を歩く程度ならなんということはないが、もし稲荷山の頂上を目指すつもりなら、軽いハイキングくらいの心構えがあったほうがいいだろう。

一ノ峰からは山腹をぐるりと周回するように参道は続き、そのまま下っていけば本殿方面へ戻れるが、今回は途中の薬力社からの分岐を右手へ下って北へ向かう。ここから清水寺へのルートは、京都の豊かな自然や名所を巡る「京都一周トレイル」の一部にも組み込まれ、ポイント毎には指導標も設置されている。これを見逃さないようにして先へ進んでいこう。途中には皇室の菩提寺である泉涌寺や、トビウオの絵馬で知られる剣神社も現れる。

剣神社を抜けた先からは、阿弥陀ヶ峰を越えるために山道を歩く。時間にしたらわずか20分だが、京都駅からさほど遠くもない場所によくもまあこんな環境が残っているものだと感心してしまう。ちなみにこの登山道へ入る分岐にも京都一周トレイルの指導標はあるものの、伏見稲荷側から来ると物陰になっていて、少々見落としやすいので要注意。同じ角にあるたばこや切手販売の看板を目印にしよう。

伏見稲荷から清水寺を目指す途中、国道1号線の手前でしばらくこんな山道を抜けていく。京都駅から直線距離にして2キロ半ほどの場所に、クルマも通れないこんな山道が残されているとは

しばしの山歩きを楽しんだ先には、自動車の往来が激しい国道1号線が立ちふさがる。「おいおい、こんなところ渡れるの？」と不安になるが、指導標に従って国道沿いに歩くとアンダーパスがあってひと安心。

国道の向こう側にまわって、再び指導標に従って歩いていけば清水寺の裏門までは10分とかからない。土産物屋が軒を連ねる清水坂の参道にくらべると、こちらは駐車場もないうえ、街中からはアクセスも不便とあって静かなものだ。ここからは、望みとあればさらに清水山を登ったうえで清水寺へ至るというルートも可能なようだが、今回は夕方も近づいて

いたので山腹をぐるりと回ってそのまま清水寺へ向かうことにする。
前方には世界遺産にも登録され、「清水の舞台」でおなじみの本殿がそびえている。「清水の舞台から飛び降りるつもりで」というフレーズは有名だが、過去には本当に飛び降りる人もいたそうで、いつの時代にもとんでもないお調子者はいるものである。
本堂の舞台に立って西を眺めれば、京都の町並みが一望だ。洛西の山並みの向こうに沈もうとする夕陽がまぶしい。ここからはあの夕陽を追いかけつつ、修学旅行生にまじって坂を下り、鴨川方面へ向かうことにしよう。

(上写真)夕暮れまで歩いてきて、「清水の舞台」から西を望む。中央に京都タワーが見えるので、あのあたりが京都駅界隈だろう。町の向こうに見える山並みは、嵐山を始めとする洛西の山々か

清水寺から続く清水坂は修学旅行生たちで大賑わいだったが、そこから産寧坂へ入ると趣のある街並みが続いていた。この一画は重要伝統的建造物群保存地区にも選定されている

DATA

⊙**モデルプラン**：京阪伏見稲荷駅→伏見稲荷→千本鳥居→一ノ峰→剣神社→国道１号線→清水寺→京阪清水五条駅

⊙**歩行距離**：約8km

⊙**歩行時間**：約3時間

⊙**アクセス**：起点の伏見稲荷駅へは京都駅からJR奈良線、京阪本線を乗り継いで約15分。終点の清水五条駅からは京阪本線、奈良線を乗り継いで京都駅まで約15分

⊙**立ち寄りスポット情報**：伏見稲荷大社＝伏見区深草藪之内町68。℡075-641-7331。剣神社＝東山区今熊野剣宮町13。℡075-561-3738。清水寺＝東山区清水1-294。℡075-551-1234。6:00〜18:00(7〜8月〜18:30)

ひめじじょうとたいようこうえん

兵庫県

姫路城と太陽公園

日本とヨーロッパを代表する名城をハシゴする!?

姫路城は江戸時代以前の天守閣が残る数少ない城址のひとつであり、1992（平成4）年には法隆寺とともに日本で最初に世界遺産に登録された。姫路の駅前に立てば、まっすぐに延びる道路の向こうに姫路城が悠然とそびえており、この姿を見せられてはなかなかスルーするのは難しい。だがしかし。実は姫路にはもうひとつド派手な城が存在するという情報を得ていた。どちらを先に訪ねるべきか迷うけれども、まずは郊外へ赴き、そこから姫路城目指して歩くことにする。

バス停を降り、周囲を見渡しておののいた。目の前の丘の上にいきなり城が建っているではないか。それもヨーロッパ風の城。昔訪ねたドイツのノイシュヴァンシュタイン城そっくりだ。住宅とコンビニが混在するありふれた日本の風景の背後に、いきなりノイシュ

路線バスを降りると、いきなり目の前に巨大なヨーロッパ風のお城が現れて度肝を抜かれる。周囲の住宅やコンビニとのアンバランスさに、あれはひょっとして幻覚ではないかと疑念が湧く

ヴァンシュタイン城。現実と非現実の狭間で脳が混乱しそうだ。

心を落ち着けて入口へ向かうと、そこは『太陽公園』というテーマパークだった。公園は「城のエリア」と「石のエリア」というふたつに分かれているそうで、まずは目的である城のエリアへ。見れば見るほどノイシュヴァンシュタイン城に似ているが、解説を読めば、そもそもあの城を三分の二サイズにスケールダウンして建てられたのだった。城内にはさまざまなトリックアートや欧風に装飾された部屋が用意されていて、親子連れや若者たちの撮影スポットとして賑わっている。最近ではコスプレイヤーたちのロケ地としても人気で、公園側もそれを積極的に受け入れているようだ。楽しげに撮影をしている彼らを横目に城内をぐるりと巡り、今度は石のエリアへ向かう。

こちらは世界に点在する石像や石仏、石門などを広大な敷地にズラリと展示している。入口の先にはいきなりパリの凱旋門が現れた。植民地時代、かつてのフランス人はどこにでも凱旋門を建てちゃうなんて揶揄されていたが、まさか日本にもあったとは。それ以外にもメキシコの遺跡や中国の兵馬俑、自由の女神からマーライオン、はてはイースター島のモアイ像までなんでもござれ。もちろんどれもレプリカではあるが、ここまでやる情熱には頭が下がる。

そもそも太陽公園とはなんなのか。これは社会福祉施設内に併設されたテーマパークであり、入場料はその運営に役立て、入所者の就労機会を作りだす場ともなっている。ただの営利施設ではなさそうだったけれど、そういうことだったのか。

太陽公園を後にして姫路城へ。地図を見ていかにも古くからありそうな、それでいて交通量が少なそうな道を選んだつもりだったのだが、今回は失敗。歩道はしっかりしているもののクルマの往来はかなり多かった。市内を流れるふたつの川を越える必要があったこと、そして山陽道のＩＣが近いことなどが理由だったかもしれない。

時代はコロナ禍。観光スポットはどこも慎重な感染対策を施し、それは姫路城も例外ではなかった。それでもただ単に注意喚起するだけでなく、こんなイラストを添えるところにちょっとホッとする

市街地を南東へ下るように歩いて、ようやく姫路城が建つ姫路公園に足を踏み入れてみれば、そこから見上げる姫路城の姿はやっぱり秀麗という言葉がふさわしい。２０１５（平成27）年まで６年かけて行われた平成の大修理直後には、漆喰の塗り替えが「まっ白すぎる」などともいわれたが、それも時間の経過によって落ち着いている。急な階段を登って大天守へと登城すると、最上階は地上六階とちょっとした現代のビル並みだ。途中には武具掛や武者隠など戦時を彷彿とさせる仕掛けが残されており、城の歴史を感じさせる。最上階の窓から南を望めば姫路駅が眼下に。姫路に鉄道が敷設され

るときにも、外堀より内側に線路を通すことは許されず、結果、駅は現在の位置に落ち着いたとのこと。

天守を降りるときに、ひとつ不思議なことに気がついた。下り階段が上りとは別に作られていて、往路を戻ることなく降りられる構造になっているのだ。城のスタッフに質問してみたところ、この下り専用の階段は、観光客の便宜を図って昭和の大修理の際に設けられたものだそう。昭和の大修理といえば、城を一度全部バラバラに分解し、傷んでいる部位を修復したのちに、もう一度組み直すような気の遠くなる作業だったと聞く。木造建築の維持には、それぐらいの覚悟と努

『番町皿屋敷』のお菊さんといえば江戸時代の怪談話が有名だが、実はそれと似た話が姫路城でも語り継がれており、しかも時は室町時代とこちらのほうが先。城内には今もそんな「お菊井戸」が残る

羽を広げたようなシラサギのような美しさから「白鷺城」の別名を持つ姫路城。大天守を中心にいくつもの小天守が渡櫓でつながった連立式天守が特徴だ。大天守は1609(慶長14)年に建てられたもの

力が必要なのだ。

姫路城を出て駅へ向かう。途中で振り返ると、城は今も姫路の街のシンボルとして中心に屹立している。それを見て、前夜、酒場で隣りに座った地元のおじさんが、「姫路ではな、姫路城より高い建物は条例で禁止されてんのや」と誇らしげに語ったのを思い出した。

DATA

⦿モデルプラン：白鳥台三丁目バス停→太陽公園→姫路城→JR姫路駅
⦿歩行距離：約16km
⦿歩行時間：約6時間
⦿アクセス：起点の白鳥台三丁目バス停へは神戸駅からJR山陽本線で姫路駅まで約40分、バスで約30分。終点の姫路駅からは山陽本線で神戸駅へ
⦿立ち寄りスポット情報：太陽公園＝姫路市打越1342-6。📞079-267-8800。9:00～17:00。荒天時休園。一般1500円。姫路城＝姫路市本町68。📞079-285-1146。9:00～17:00。年末休。一般1000円

兵庫津と和田岬線《ひょうごのつとわだみさきせん》

海運、そばめし、盲腸線。兵庫の過去と現在を訪ねて

—兵庫県—

兵庫県イコール神戸、というイメージが強い。それだけ神戸の知名度が高いということなのだろう。テレビのご当地番組などを観ていても、「兵庫県では……」といいつつ内容は神戸限定のことだったりする。そもそも兵庫県の「兵庫」とはなんぞやと地図を眺めれば、ＪＲ神戸駅の隣にはしっかり兵庫駅もある。行政的には「神戸市兵庫区」。もともと兵庫という地名は、平清盛による日宋貿易の拠点だった大和田泊の名を鎌倉時代に「兵庫津」と変えたことに由来するらしい。まだ知らぬ、そんな兵庫界隈を歩いてみた。

起点は神戸駅。現在神戸の中心部は隣接する元町駅や三宮駅周辺に移っているが、神戸駅界隈の歴史も古く、それを証明するように神戸駅は東海道本線や山陽本線の起終点駅になっている。重厚感あふれる駅舎は１８７４（明治７）年に開業し、数度の改築を経て現

在に至り、当時駅舎内に設けられた貴賓室は、現在も飲食店の一部として残っている。

南へ歩くと、廻船問屋として財をなし、また江戸末期にロシアとの緊張緩和にもひと役買った高田屋嘉平の本店跡碑が立っており、古くから海運で栄えていたことがわかる。

やがて橋で新川運河を渡る。この運河は船の安全運航のために明治初期に築かれたもの。それまで入港する船はみな和田岬を越えなくてはならず、海難が頻発していたそうだ。

運河沿いを散策したら兵庫駅方面、そしてさらに新長田駅へ向かって歩く。道

(上写真)新川運河は、船舶の安全を確保するために1875(明治8)年に建設された。運河の畔にいたヒゲに丸坊主の人形は、この地への貢献から作られたご当地キャラ「清盛くん」とのこと

すがらには、高さ８・５ｍにもおよぶ十三重の石塔・清盛塚も現存している。そういえば平清盛が造営した都・福原京もこの近くではなかったか。

新長田に向かうにつれて、周囲には鉄工所や自動車修理工場が増えてきて、下町の風情が漂ってくる。お好み焼き屋さんが点在するのも親近感が湧く風景だ。しかしそのいっぽう、このあたりは１９９５（平成７）年の阪神淡路大震災で大きな被害を受けたところでもある。すでに25年以上の年月が経ち、当時の面影はあまり感じないが、新長田駅の南側に林立する高層マンション群は、震災の結果として再開発されたものなのだろう。

そういえばあの年に公開された映画『男はつらいよ 寅次郎紅の花』では、消息不明の寅さんを心配する面々が、震災報道番組内でボランティアとして活躍する寅さんを発見するシーンがあった。あれは寅さんの、そして山田洋次監督なりのエールだろう。

新長田といえば、昭和世代には懐かしいのが『鉄人28号』のモニュメント。著者の横山光輝が神戸出身であることから、震災復興と地域活性化のシンボルとして建てられたものだそうで、前に立つとその大きさに驚く。せいぜい３ｍくらいのものを想像していたのだが、実際は高さ15ｍ以上にもおよび、原作の設定にも近い。重量も50ｔあるそうだ。

さて、ここまで歩いてきてお腹も減ってきた。そして長田地区といえばご当地Ｂ級グル

メの「そばめし」だ。神戸には神戸牛をはじめ有名グルメは数あれど、徒歩旅行にはこういう気の置けない食事が似合う。運ばれてきたそばめしは、まさに焼きそばとご飯を一緒に炒めたもの。キャベツや豚肉など脇を固める役者も一緒だ。口に入れるとスパイシーなソースの風味が広がり刺激的。焼きそばとご飯の組み合わせってどうなんだと思ったが、食感の違いが楽しい。金属皿でやってきたのも郷愁を誘う。注文したのは並サイズだったけど、食べ終えたときには大盛にすべきだったかとちょっと後悔した。

さあ、あとは和田岬を目指して東へ。細い路地が連なる昔ながらの街並みを抜

（上写真）ダイナミックなポーズで大地に立つ鉄人28号。1956（昭和31）年に連載が始まり、その後、実写ドラマやアニメが何度も制作されて今日に至る。©光プロ/KOBE鉄人PROJECT2021

け、新湊川を渡るとその向こうには鉄道車両がいくつも並ぶ工場が。おそらく川崎重工だ。さらにヴィッセル神戸のホームスタジアム横を抜ければ、この日のゴールである和田岬駅。和田岬駅から兵庫駅までは、路線距離わずか2・7kmの和田岬線が結んでいる。途中駅はなく、まさに大都会の盲腸線だ。乗客のほとんどは和田岬にある工場などへの通勤客で、そのため朝晩の通勤時間しか電車はやって来ず、土日はさらに本数が激減するという徹底ぶり。この日、僕もただただのんべんだらりと歩いてきたようでいて、最後の最後、この和田岬駅から出発する夕方の一便に間に合うように、しばしば

徒歩旅行の途中、小腹が減ったときのお伴としてうってつけだった「そばめし」。そばは蕎麦粉のそれではなく焼きそば。炭水化物の合わせ技にソースの香りも相まって一気食いしてしまう

和田岬駅へ電車が到着した。兵庫駅へ向かう途中で渡る和田旋回橋は、かつて船舶の通過時には鉄橋自体が回転して通過させる機能を持っていた。現在回転機構は外され、再び動くことはない

時間調整をしてきたのだった。

そのかいあって、発車時刻の10分前に無事に駅へ到着。無人駅なのはもちろん、ICカードリーダーすら設置されていない超質素駅から、かつてJR京浜東北線を走っていたようなブルーの電車に乗って、家路を急ぐ通勤客とともども兵庫駅へ向かったのだった。

DATA

⦿モデルプラン：JR神戸駅→高田屋嘉平本店跡の碑→新川運河→十三重の石塔·清盛塚→兵庫駅→新長田駅→鉄人28号モニュメント→JR和田岬駅
⦿歩行距離：約10km
⦿歩行時間：約3時間半
⦿アクセス：神戸駅から徒歩にてスタート。終点の和田岬駅からはJR和田岬線、山陽本線を乗り継いで神戸駅まで約10分
⦿立ち寄りスポット情報：高田屋嘉平本店跡の碑－神戸市兵庫区西出町1-5-12。十三重の石塔·清盛塚＝神戸市兵庫区切戸町1。鉄人28号モニュメント＝神戸市長田区若松町6-3若松公園

あとがき

かくして48コースに及ぶ関西の半日徒歩旅行を終えた。出かけるまでは不安もあった。これまでに書いた『半日徒歩旅行』シリーズの舞台はいずれも関東地方。初めての場所でもおおよその土地勘はあった。しかし関西となると状況は違う。過去に出かけたことがある関西地方は都市圏と一部の観光地ばかり。それ以外の場所については、どんな土地なのかイメージすることすら難しかった。

そこでまずは訪ねてみたい場所をリストアップ。それから畳一畳分くらいある大きな関西の地図を用意。そこにそれぞれの目的地を書いた付箋を一枚ずつ貼りつけていって、起点となる京都、大阪、神戸と、各目的地の位置関係や地勢を把握することから始まった。

取材中に細かなハプニングはいろいろあったが、やはり苦労したのは現在も世界を混乱に巻き込んでいるコロナ禍だ。当初、取材は2020年春から始める予定だったのだが、緊急事態宣言発令により中止。秋口によう

やく解除されたのを機に、エイヤッと一週間単位で東京と関西の行ったり来たりを繰り返すうちに再発令。あわてて自宅に引きこもって時を待つ。この繰り返し。予定を大幅にずれ込んだ２０２１年６月に、ようやく全コースを踏破できた。

実際にはひとりで宿泊し、ひとりで歩きまわり、ひとりで食事をするという日々だったので、密を形成することはなかったと信じる反面、旅先の大きな楽しみである、地元の人と話をする機会があまり得られなかったのは残念でもあった。

しかしそんな産みの苦しみもあったせいか、一冊の本としてまとまると愛おしさもひとしおだ。手に取っていただき、「こんなコースを歩くのか！」と楽しんでいただければ望外の喜びです。

例によって本書の執筆にあたっては、山と溪谷社の釣り大好き編集者である稲葉豊さん、オフィスにフォールディング・カヤックがどかりと置かれているデザイナーの吉池康二さんに大変お世話になりました。いつか徒歩旅行と釣りとカヤックを組み合わせた旅をともにできたらなと思います。

佐藤徹也

33 山辺の道と石上神宮（P214）
34 法隆寺と矢田丘陵（P220）
35 藍那古道と大阪万博カンボジア館（P226）
36 百舌鳥古墳群（P232）
37 福知山線旧線跡と武庫川渓谷（P240）
38 鯖街道と熊川宿（P246）
39 神子畑選鉱場跡とトロッコ道遺構（P252）
40 旧北陸本線跡（P260）
41 大仏鉄道跡と奈良の大仏（P266）
42 生野銀山とトロッコ軌道跡（P272）
43 大阪五低山縦走（P280）
44 安土城址（P286）
45 港町・神戸を山手から海へ（P292）
46 伏見稲荷から清水寺（P298）
47 姫路城と太陽公園（P304）
48 兵庫津と和田岬線（P310）

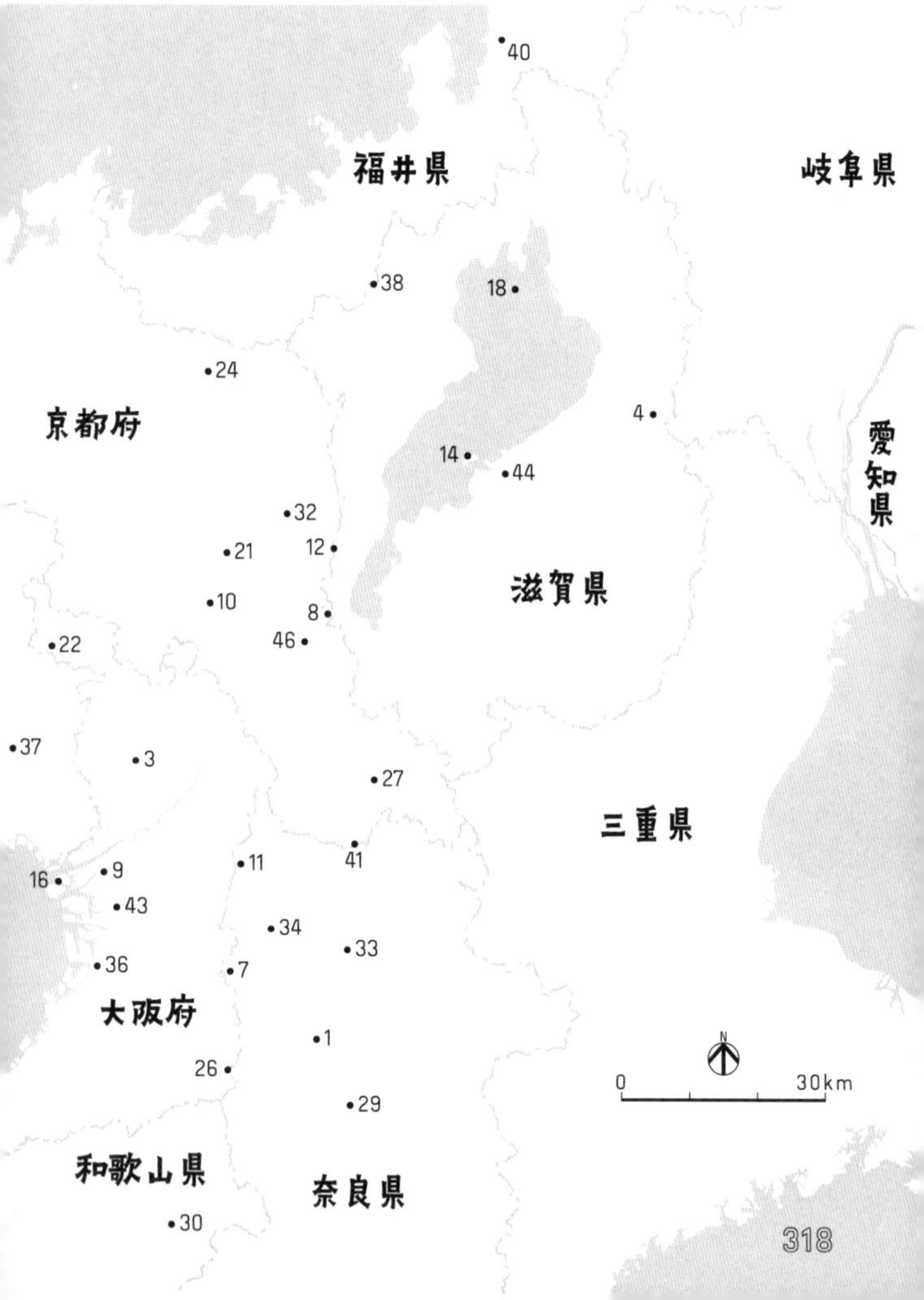

探訪地マップ

京阪神発 半日徒歩旅行

1 明日香村の巨石遺跡（P12）
2 鳴門の渦潮と海峡の渡し船（P18）
3 太陽の塔と国立民族学博物館（P24）
4 鈴鹿山麓の廃村と風穴巡り（P30）
5 竹田城跡（P38）
6 天橋立（P44）
7 屯鶴峯（P50）
8 歩いて船で琵琶湖疏水（P58）
9 大阪港の渡し船全部乗る（P64）
10 嵯峨野観光鉄道と嵯峨鳥居本の街並み（P70）
11 生駒ケーブルカーと暗峠（P76）
12 ケーブルカーとロープウェイで比叡山横断（P82）
13 摩耶ケーブルと有馬温泉（P88）
14 沖島（P96）
15 家島諸島（P102）
16 大阪湾の人工群島（P108）
17 大多府島（P114）
18 竹生島（P120）
19 友ヶ島（P126）
20 淡路島と明石海峡（P132）
21 高山寺と北山杉の里（P140）
22 能勢の棚田と三草山（P146）
23 酒呑童子の里と二瀬川探勝路（P152）
24 美山かやぶきの里（P158）
25 砥峰高原（P164）
26 金剛山と千早赤阪村（P170）
27 茶源郷・和束（P176）
28 稲美のため池王国（P182）
29 吉野山と熊野へ至る道（P190）
30 天空の宗教都市・高野山（P196）
31 ヤッホの森と古墳群（P202）
32 鞍馬山から貴船渓谷（P208）

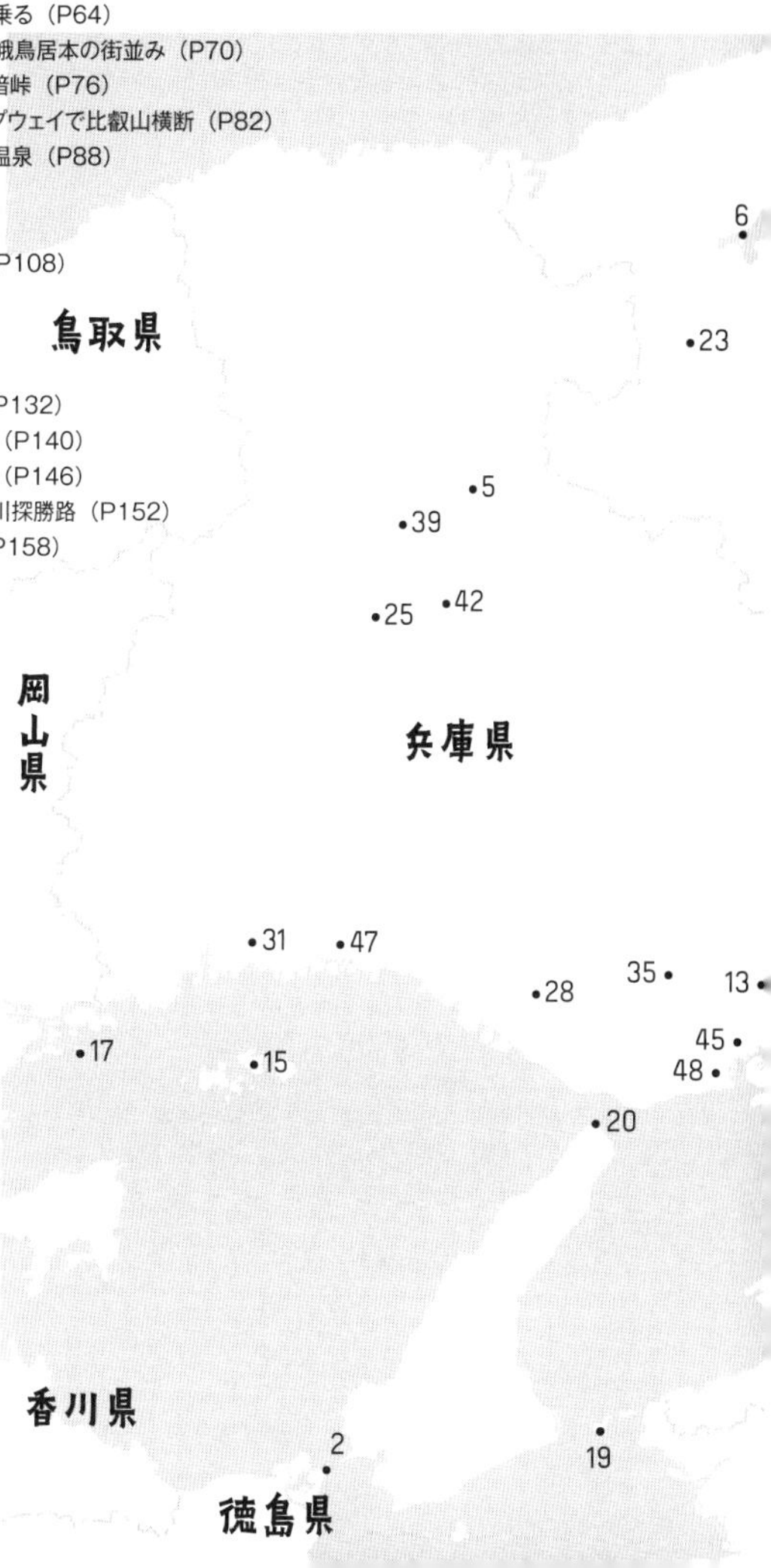

著者プロフィール

佐藤徹也（さとう てつや）

東京都生まれ。アウトドア系旅ライター。徒歩旅行家。国内外を問わず、街中も自然も問わず徒歩による旅を楽しむ。これまでに訪れた国は58ヵ国。キリスト教の聖地を目指すサンチャゴ・デ・コンポステーラ巡礼道の「ポルトガル人の道」「ル・ピュイの道」約1000kmを踏破。北欧諸国のクラシック・ロングトレイルを縦走。完全な前人未踏の地よりも、どこかに人の気配が介在する土地に惹かれる。雑誌『山と溪谷』『明日の友』『散歩の達人』等で執筆。著書に『東京発 半日徒歩旅行』『東京発 半日徒歩旅行 調子に乗ってもう一周！』（ともにヤマケイ新書）がある。

ブログ「旅と暮らしの日々」https://apolro.exblog.jp

京阪神発
半日徒歩旅行

YS063

2021年12月5日　初版第1刷発行

著者　佐藤徹也
発行人　川崎深雪
発行所　株式会社　山と溪谷社
〒101-0051
東京都千代田区神田神保町1丁目105番地
https://www.yamakei.co.jp/
■乱丁・落丁のお問合せ先
山と溪谷社自動応答サービス TEL.03-6837-5018
受付時間／10:00-12:00、13:00-17:30（土日、祝日を除く）
■内容に関するお問合せ先
山と溪谷社 TEL.03-6744-1900（代表）
■書店・取次様からのご注文先
山と溪谷社受注センター
TEL.048-458-3455　FAX.048-421-0513
■書店・取次様からのご注文以外のお問合せ先
eigyo@yamakei.co.jp
地図協力　千秋社
印刷・製本　図書印刷株式会社

＊定価はカバーに表示してあります
＊落丁・乱丁本は送料小社負担でお取り替えいたします

Printed in Japan ISBN978-4-635-51055-4

本書に掲載されている各種データは
2021年10月中旬現在のものです